A Uiara & outros poemas

GOVERNADOR DO ESTADO DO AMAZONAS
Eduardo Braga

VICE-GOVERNADOR
Omar Aziz

SECRETÁRIO DE ESTADO E CULTURA
Robério dos Santos Pereira Braga

SECRETÁRIA-EXECUTIVA
Delzinda Barcelos

COORDENADOR DE EDIÇÕES
Antônio Auzier

EDIÇÕES
ACADEMIA AMAZONENSE DE LETRAS

DIRETORIA

PRESIDENTE
Elson Farias

VICE-PRESIDENTE
José dos Santos Pereira Braga

SECRETÁRIO-GERAL
Francisco Gomes da Silva

SECRETÁRIO-ADJUNTO
Almir Diniz

TESOUREIRO
Antonio José Souto Loureiro

TESOUREIRO-ADJUNTO
Anísio Thaumaturgo Soriano de Melo

DIRETOR DE PATRIMÔNIO
Ruy Alberto Costa Lins

DIRETOR DE PROMOÇÕES E EVENTOS
José Maria Pinto Figueiredo

DIRETOR DE EDIÇÕES
Tenório Nunes Telles de Menezes

EDITOR – REVISTA
Narciso Lobo

COORDENAÇÃO – SITE
Ruy Alberto Costa Lins

COORDENAÇÃO – SALA DO ESCRITOR
José Maria Pinto Figueiredo

Octávio Sarmento

A Uiara & outros poemas

Organização, estudo e estabelecimento de texto
Zemaria Pinto

Copyright © (desta edição) Academia Amazonense de Letras, 2007

EDITOR
Isaac Maciel

COORDENAÇÃO EDITORIAL
Tenório Telles

PROJETO GRÁFICO
Adalberto Pereira

REVISÃO
Núcleo de Editoração Valer

FICHA CATALOGRÁFICA
Ycaro Verçosa

S187u Sarmento, Octávio.
        A Uiara & outros poemas. / Octávio Sarmento. Organização, estudo e estabelecimento de texto: Zemaria Pinto. – Manaus: Academia Amazonense de Letras, Governo do Estado do Amazonas e Editora Valer, 2007.

        100p. (Série: Clássicos da Academia)

        ISBN 85-7512-239-8

        1. Literatura brasileira (poesia) – Amazonas I. Título.

                                                    CDU 82-1(811.3)

Editora Valer
Rua Ramos Ferreira, 1195
69010-120, Manaus–AM
Fone: (92) 3633-6565
www.editoravaler.com.br

Academia Amazonense de Letras
Rua Ramos Ferreira, 1009
69010-120, Manaus–AM
Fone: (92) 3234-0584
www.academiadeletras-am.org.br

SUMÁRIO

Apresentação – Tenório Telles   7

A poesia romântico-simbolista
    de Octávio Sarmento – Zemaria Pinto   9

A Uiara & outros poemas – Octávio Sarmento   49

A Uiara (Lenda amazônica)   51
Outros poemas   85
    A Seringueira   87
    Ódio   88
    O raio verde   89
    Fogos-fátuos   90
    Flor da alma   91

Notas   95

APRESENTAÇÃO

A crônica literária é farta em exemplos de escritores que, durante anos, ficaram condenados ao esquecimento, sobrevivendo numa espécie de limbo à espera do merecido resgate. No âmbito nacional, viveram esse drama Qorpo Santo, Sousândrade, Osman Lins. Na literatura regional, Lourenço Amazonas, Maranhão Sobrinho, Pereira da Silva, Violeta Branca, entre outros.

Octávio Sarmento é um caso especial de nossas letras. Um dos fundadores da Academia Amazonense de Letras, morreu sem deixar obra editada. Seus textos, publicados em jornais e revistas, ficaram adormecidos em arquivos e bibliotecas. Seu nome, aos poucos, foi sendo tragado pelo tempo.

Essa realidade não se cumpriu graças ao empenho do poeta e ensaísta Zemaria Pinto, que, num verdadeiro trabalho de arqueologia, recuperou do esquecimento a memória de Octávio Sarmento e alguns de seus textos, ilustrativos de seu talento e de sua produção poética.

A Uiara & outros poemas reúne o estudo introdutório de Zemaria Pinto e a seleção de poemas de Octávio Sarmento, sistematizada e estabelecida pelo organizador deste livro. Pelo seu significado histórico e importância estética, é uma das contribuições mais importantes para a literatura que se produz no Amazonas das últimas décadas.

Tenório Telles
É escritor, professor de literatura brasileira e membro
da Academia Amazonense de Letras

A POESIA ROMÂNTICO-SIMBOLISTA DE OCTÁVIO SARMENTO

Zemaria Pinto*

---

* Este ensaio é fruto do trabalho desenvolvido pela Academia Amazonense de Letras no Ciclo de Palestras *A Academia e Seus Fundadores*. Octávio sarmento é o fundador da Cadeira n.º 21 e tem como patrono Tenreiro Aranha, sendo seus sucessores Leopoldo Peres, José Pereira Netto, Sócrates Bonfim, Plínio Coelho e Luiz Bacellar. Este trabalho foi apresentado em 26 de novembro de 2005, pelo poeta Zemaria Pinto.

PROPOSTA

O ciclo de conferências *A Academia e seus Fundadores*, além de resgatar a memória daqueles idealistas que há quase noventa anos lançaram os alicerces desta Casa, objetiva também contar a história da Academia Amazonense de Letras. Assim, antes de comentar a obra poética de Octávio Sarmento, procurarei situar o cenário histórico às vésperas daquele janeiro de 1918.

O que se passava no mundo? O que acontecia no Brasil? Como era a vida intelectual em nossa cidade? Como se deu a fundação da Sociedade Amazonense de Homens de Letras, que mais tarde viria se chamar Academia Amazonense de Letras? Proponho uma visão panorâmica sobre os aspectos históricos, econômicos e estéticos daquele emblemático ano de 1917.

Na segunda parte deste trabalho, analisarei a obra de Octávio Sarmento, um dos trinta fundadores da nossa Academia. Infelizmente, Octávio Sarmento não deixou livro publicado. Seu trabalho encontra-se disperso nos jornais e revistas da época. Como o corre-corre cotidiano não me permite dispor do tempo necessário para essa garimpagem – que em outras condições, certamente, executaria com prazer –, trabalharei com três poemas curtos, um fragmento e dois poemas longos. Sobre estes, quero registrar que as cópias me foram gentilmente cedidas de seus arquivos pessoais pelos pesquisadores Marita Monteiro e Roberto Mendonça. À Marita e ao Roberto dedico este trabalho.

CENÁRIO I
CAOS SOCIAL, ECONÔMICO E POLÍTICO

Dois acontecimentos marcam a história da humanidade no ano de 1917: a Primeira Guerra Mundial, que, iniciada em 1914, tem desdobramentos que viriam influenciá-la significativamente naquele ano; e a revolução bolchevique, que implantaria o socialismo real na Rússia e em países periféricos, constituindo a poderosa União das Repúblicas Socialistas Soviéticas. No Brasil, além da adesão aos aliados, a primeira greve geral deixa marcas indeléveis na vida do País, naquele ano.

A PRIMEIRA GUERRA MUNDIAL

O Segundo Reich, dirigido pelo Kaiser Guilherme II, tendo alcançado notáveis progressos econômicos, passou a cultivar a idéia de expansão imperialista pela força. O ideal da superioridade da cultura e da "raça" germânicas difundiu-se rapidamente, com a fundação de clubes patrióticos, sociedades militares e associações conservadoras, que alardeavam a guerra e a rejeição aos acordos internacionais de paz, mantendo-se fiel somente à aliança com o império austro-húngaro. Para conter o furor expansionista alemão, três antigos inimigos uniram-se para a formação da Tríplice Entente: Grã-Bretanha, França e Rússia.

A morte do Arquiduque Francisco Ferdinando, em 28 de junho de 1914, foi apenas a justificativa formal para o início do conflito, que só iria terminar a 11 de novembro de 1918, com a rendição da Alemanha e o fim do Segundo Reich. Nesse contexto, o ano de 1917 é representativo de mudanças significativas no curso da guerra. Os exércitos entrincheirados iam tendo suas forças pouco a pouco exauridas. Grande parcela da população civil, que não tomava parte direta no combate, estava sendo dizimada graças aos avanços das máquinas de matar. O conflito esgotava valiosos recursos dos países envolvidos, provocando a revolta dos operários das nações industrializadas. Em toda a Europa ocorriam greves gerais nas indústrias de material bélico, além de revoltas contra o serviço militar obrigatório. Os partidos socialistas, que acreditavam num mundo de paz, e desde o início posicionavam-se contra a guerra, articulavam propostas de uma paz sem vencedores e sem anexações.

Em abril de 1917, uma nova esperança surgiu para aqueles que trabalhavam pelo fim do conflito: o grande fornecedor de suprimentos da Europa – os Estados Unidos – declarou guerra à Alemanha. Dois fatores foram fundamentais nessa decisão: o poder submarino alemão, que ameaçava paralisar as exportações ianques; e a influência germânica sobre o México, prometendo-lhe ajuda na reconquista dos territórios perdidos para o poderoso vizinho.

O triunfo da revolução socialista de 1917 levou a Rússia a retirar-se do conflito, assinando um acordo de paz com a Alemanha, que passou a ter mais mobilidade no deslocamento de suas tropas para o oeste da Europa, numa tentativa desesperada de sufocar os aliados, antes da chegada do reforço norte-americano. Mas era tarde. A cavalaria já estava, triunfante, a caminho.

Foi também em 1917 que o Brasil, neutro até então, aderiu aos aliados, a 27 de outubro, depois do afundamento de navios mercantes brasileiros pelos submarinos alemães. Mas se a participação do Brasil na guerra foi quase nula, serviu para que o governo brasileiro desviasse a atenção dos problemas sociais e econômicos internos, decretando estado de sítio, proibindo a manifestação das organizações operárias e prendendo seus líderes.[1]

A REVOLUÇÃO BOLCHEVIQUE

A autocracia czarista vinha sofrendo sucessivos reveses. O poder absoluto do Czar há muito deixara de ser aceito, o que permitia, aos que lutavam por mudanças institucionais, a manipulação dessa insatisfação de forma violenta. A nascente indústria russa era dominada pelo capital estrangeiro; a massa camponesa, por sua vez, era explorada no limite do humano; a população empobrecia para dar suporte aos que detinham o poder central. Em 1905 ocorreu a primeira revolta, sufocada com o massacre de milhares de cidadãos desarmados. Mas o Czar cedeu à pressão e permitiu, no ano seguinte, a criação de um parlamento, a Duma, que reacendeu as esperanças populares. A entrada da Rússia na Primeira Guerra desviou todos os recursos para o esforço de guerra, paralisando a agricultura e levando à falência as indústrias não ligadas ao setor bélico. Ao final de 1916, a Rússia estava à beira de um colapso total.

Em fevereiro de 1917, esgotados os estoques de alimentos, a população se revoltou. Desencadearam-se greves civis e motins militares. No dia 27 de fevereiro a multidão invadiu o palácio do Czar e o parlamento. Com a abdicação do Czar formou-se um governo provisório, liderado por liberais moderados. Em abril, de volta do exílio, Lênin, líder do Partido Bolchevique, lança suas *Teses de Abril*, propondo a formação de uma república de sovietes, a nacionalização dos bancos e a saída imediata da guerra. Os sovietes eram conselhos de "deputados" operários, soldados e camponeses, que funcionavam regularmente desde a revolta de 1905, mas não faziam parte da estrutura política oficial. O lema do Partido Bolchevique, passa ser "todo poder aos sovietes". A situação caótica se estende até outubro de 1917, quando o governo provisório é deposto, e, sob a liderança de Lênin, é criado o Conselho de Comissários do Povo, que congrega todos os sovietes russos. Entre outras medidas, o novo governo assina um tratado de paz em separado com a Alemanha; adota um regime de partido único – o partido Bolchevique passa a se chamar Partido Comunista; nacionaliza bancos e decreta o fim da propriedade privada.²

Até a queda do muro de Berlim, em 1989, muita água passou por baixo da ponte entre a sociedade utópica e as ditaduras sanguinárias que começaram a ser implantadas a partir daqueles acontecimentos de outubro de 1917. O sonho acabou, mas não acabou o compromisso de luta por uma sociedade justa, igualitária e fraterna – embora isso não passe de um sonho.

A PRIMEIRA GREVE GERAL NO BRASIL

Além da adesão aos aliados, o ano de 1917 no Brasil é marcado pelo início dos movimentos populares e, em especial, pelas greves. Era presidente então o mineiro Venceslau Brás. À época, mineiros e paulistas revezavam-se no poder, compondo a infame política do café-com-leite. Em julho de 1917 foi organizada, em São Paulo, a primeira greve geral da história do Brasil. Inspirados pelos ideais anarquistas e cansados do regime que os obrigava a trabalhar até 15 horas por dia, de segunda a sábado, sem direito a férias ou assistência médica, e ainda submetidos a maus-tratos que lembravam os tempos da escravidão, mais de 50 mil operários paralisaram literalmente São Paulo. O movimento começou em verdade como protesto pelo assassinato de um operário, Antônio Martinez, em um confronto com a polícia. As principais reivindicações eram: aumento de 25 a 35% nos salários, que, com a guerra, foram achatados pela "carestia"; jornada de oito horas, com aumento de 50% de remuneração para todo trabalho extraordinário; proibição do trabalho nas fábricas para menores de 14 anos; abolição do trabalho noturno para mulheres e menores de 18 anos. Os empresários concederam 20% de aumento nos salários e assumiram o compromisso de não punir nenhum grevista. Mas era tudo balela e assim que a calma voltou os acordos foram rasgados. Os conflitos continuaram, claro. Dez anos depois, Washington Luís, o último presidente da República Velha e da política do café-com-leite, cunhou a explicação definitiva para aquela situação caótica: "a questão social no Brasil é um caso de polícia."[3]

CENÁRIO II
CAOS ESTÉTICO

Depois de mais de 30 anos de domínio absoluto, o parnasianismo começava a apresentar sinais de esgotamento. E é exatamente em 1917 que acontece a grande virada modernista. Aquelas noites de fevereiro de 1922, conhecidas como o início do movimento, são, na verdade, uma referência histórica, um acontecimento que viria consolidar um movimento que começara cinco anos antes. O ano de 1917 marca o início do Modernismo no Brasil.

Foi a 21 de novembro de 1917 que Mário de Andrade e Oswald de Andrade se conheceram. Sabem onde? Em uma conferência sobre a necessidade de participação do Brasil no conflito mundial. Oswald – que era repórter do *Jornal do Commercio*, e andava ávido por novidades, desde que voltara da Europa, cinco anos antes, onde se deixara contaminar pelos movimentos de vanguarda que se multiplicavam em muitos "ismos" no velho mundo – entusiasmou-se com o discurso do jovem Mário, que meses antes lançara, com o pseudônimo de Mário Sobral, seu primeiro livro, o pacifista *Há uma gota de sangue em cada poema*.

Em 1917, Menotti Del Picchia lança o seu *Juca Mulato*, muito bem recebido pelo público, mas rechaçado pela crítica. A temática nacionalista destoava, desde o seu título, do ambiente marmóreo e helênico do parnasianismo e trazia para o centro dos debates a questão racial. Para Mário da Silva Brito, o poema de Menotti Del Picchia "pode ser apontado como o canto de despedida da era agrária, do Brasil essencialmente agrícola, e surgiu no momento em que a industrialização começava a abalar os alicerces rurais do Estado."[4] Outras obras viriam à luz naquele emblemático ano, marcando a presença do novo, trazendo tons e procedimentos até então desconhecidos, rompendo a aparentemente inquebrantável cadeia formalista representada pelos parnasianos, cujo golpe de misericórdia seria a série de artigos *Mestres do Passado*, que Mário de Andrade publicaria em 1921. Mas voltemos a 1917. Manuel Bandeira publica *Cinza das Horas*, um livro estranhamente desigual, mas onde já se antecipa o grande lírico de *Libertinagem*.

De tons parnasiano-simbolistas, Guilherme de Almeida e Cassiano Ricardo, que viriam depois aderir ao Modernismo, lançam naquele ano *Nós* e *Evangelho de Pã*, respectivamente. *Carrilhões*, do esquecido Murilo Araújo, traz uma curiosidade: o uso de recursos tipográficos como parte do poema, recurso muito utilizado pelos futuristas europeus.

Em maio de 1917, o influente João Ribeiro, depois de saudar a nova poesia, vociferava:

> A poesia parnasiana entre nós já se tornou fatigante em retardatários, imitadores provincianos, que aprenderam as excelências técnicas dos seus mestres, igualaram quase a sua perfeição, e, por assim dizer, banalizaram, até o fastio, a sua estética. Daí o desencanto de antigos segredos, o excesso de sonetos perfeitos e inúteis, aos milhares, aos milhões.[5]

Mas o principal acontecimento artístico de 1917 não foi literário, mas sim ligado às artes plásticas: a exposição de 53 quadros de Anita Malfatti, inaugurada a 12 de dezembro, resultado de suas viagens pela Europa e pelos Estados Unidos. O espanto inicial já era esperado, pois Anita trazia ao público uma pintura como nunca se vira no Brasil. A crítica divide-se entre os que simpatizavam com a nova forma de arte e aqueles que a acusavam de se render a modismos.

No dia 20 de dezembro, Monteiro Lobato publica a mais virulenta de todas as críticas: *Paranóia ou Mistificação?* Se a ofensiva de Lobato chegou a fazer com que algumas pessoas que haviam comprado quadros os devolvessem e outros a ameaçar rasgar as telas, teve o grande mérito de unir em torno da pintora todo o grupo de jovens intelectuais, insatisfeitos com o academicismo que dominava as artes no Brasil: Mário de Andrade, Oswald de Andrade, Di Cavalcanti, Menotti Del Picchia, entre outros, unem-se para discutir os novos rumos da arte em São Paulo. Seus contatos estendem-se ao Rio de Janeiro, onde pontificavam Manuel Bandeira, Ronald de Carvalho e Ribeiro Couto.

O ápice desses acontecimentos ao longo de 1917 seriam as sessões de 13, 15 e 17 de fevereiro de 1922, no Teatro Municipal de São Paulo, chamada de "semana de escândalos", que hoje conhecemos carinhosamente como "Semana de Arte Moderna".

CENÁRIO III
CAOS AMAZÔNICO

O CAOS PRIMORDIAL

Ao referir-se à posse de Pedro de Alcântara Bacellar, como governador do Amazonas, a 1.º de janeiro de 1917, a professora Eloína Monteiro dos Santos escreve que a "situação era caótica no Amazonas, resultado da prolongada crise dos preços da borracha e dos efeitos da Primeira Guerra Mundial".[6] O professor Marcos Frederico Krüger, ao referir-se ao mesmo período, escreve que "sem outro produto para exportar e sem uma agricultura que lhe permitisse sobreviver, agora que não mais possuía dinheiro para importar o que necessitava, a Amazônia transformou-se num caos".[7]

A Amazônia, que um dia fora dividida entre edenistas e infernistas, dependendo da visão do autor – paraíso verde ou inferno verde – estava, naquele ano de 1917 reduzida ao caos. E o que é o caos? É o antes, mencionado no Gênesis, o deserto e o vazio? É o caos primordial das cosmogonias míticas? Ou é o depois, como a interpretam Jeremias e Isaías, a destruição, a desolação, motivadas pelo pecado, e que, após a expiação, serão redimidas?

É na leitura de *A Grande Crise*, do nosso querido confrade e mestre Antônio Loureiro que encontro a explicação definitiva para aquele ano de 1917 na Amazônia. Loureiro situa a Grande

Crise entre 1908 e 1916. Mas 1916 não é o fim da crise – antes, é o fundo do poço – ou, se invertermos a imagem, é o ponto mais alto da crise. Depois de 1916, é o caos. Loureiro confirma os profetas: ali, na terra desolada, instalou-se o caos, de onde germinará, em todo o seu esplendor, a vida.

A LITERATURA NO AMAZONAS

O único registro de livro de autor amazonense lançado no ano de 1917 é de Dejard de Mendonça: *Evangelho de meu filho*, publicado em Belém. Dejard de Mendonça, que nasceu em Manaus mas foi ainda criança para Belém, distinguiu-se como jurista e político. O professor Marcos Frederico classifica-o entre os "parnasianos sem maiores méritos"[8] do período.

Mas os jornais de Manaus são generosos em ceder espaço aos seus escritores. Longe da efervescência paulista e carioca, os autores radicados em Manaus em 1917 ainda repercutiam as escolas nascidas – e, de certa forma, esgotadas – no século anterior. Românticos, parnasianos, simbolistas, nossos poetas ainda ecoavam as vozes dos gigantes Castro Alves, Álvares de Azevedo, Olavo Bilac e Cruz e Souza. Nossos prosadores, por seu turno, dividiam-se entre a opulência helênica de Coelho Neto e a opulência nacionalista de Euclides da Cunha. No geral, poetas e prosadores apartavam-se, conforme a ocasião, em duas posições extremas, herdadas dos viajantes que exploraram a Amazônia no século XIX. De um lado, os "edenistas", refletindo a opulência amazônica como a continuação do Jardim do Éden – o paraíso verde, o celeiro do mundo. De outro lado, os "infernistas", pintando a paisagem amazônica como um verdadeiro inferno verde. Cito novamente o professor Marcos Frederico:

> O infernismo e o edenismo não terminaram com o período anterior. É exatamente no Pré-Modernismo que eles encontram campo para proliferar. Sem perspectivas de um caminho literário próprio e sem modelos imediatos para imitar, a saída foi, além da diversidade de tendências, a

busca do geografismo, para suprir, com o exótico, a inexistência do verdadeiramente novo.⁹

Como paradigma da linguagem da época, sirvo-me do insuspeito e antológico poeta de origem piauiense Jonas da Silva, formado em odontologia no Rio de Janeiro, e um dos maiores poetas daqueles tempos. Abro meu exemplar de *Czardas*, publicado pela primeira vez em 1923. Procuro inicialmente um poema datado de 1917, mas não há datas nos poemas. Fecho o livro e o abro, em seguida, aleatoriamente: páginas 90 e 91, os poemas *Sempre-viva* e *O mestre*. O primeiro tem aquele tom simbolista, que consagraria Jonas; o segundo é descaradamente parnasiano – serve-me, mesmo que não tenha sido escrito em 17... Em *O mestre*, Jonas homenageia, de forma intertextual, seu patrono na cadeira 23 da Academia Amazonense de Letras, por ele, Jonas, fundada, o parnasiano carioca Bernardino Lopes, vulgo B. Lopes:

Bato um dia, cansado, à porta da oficina,
No Pont-Vieux, *em Florença, uma tarde de maio:*
Cinzelando, escandindo uma obra ou um ensaio
Vi B. Lopes. Cellini e Bilac e Bartrina.

Havia em torno a unção da Capela Sistina.
Cruz e Souza, orgulhoso, olhou-me de soslaio;
Vi Cervantes, cantor do berço de Pelayo,
Victor Hugo – o albatroz, o condor, a águia alpina.

Vi Dante, que desceu do Inferno a funda gorja
E os reveis encontrou nas fogueiras terríveis...
Castro Alves temperava uma espada na forja.

Antero de Quental dialoga com a Glória...
Só B. Lopes me ouviu, dos deuses impassíveis,
*– O Mestre dos Brasões, de eviterna memória!*¹⁰

Nas 14 linhas de um soneto, referências a 11 nomes, escritores, escultores e até um guerreiro, mais sete palavras de uso incomum, além de três referências geográficas estrangeiras. Isso torna o poema praticamente ininteligível para o leitor comum. Jonas homenageia seu mestre – o patrono que escolhera para sua cadeira na Academia. Os verbos "cinzelar" e "esculpir" nos remetem de pronto à "Profissão de Fé", de Olavo Bilac, onde se compara o poeta ao ourives. A referência-chave é a Capela Sistina, de Michelângelo, exemplo supremo do período clássico e do culto à Grécia antiga, pois o parnasianismo não era mais que uma retomada do classicismo, que tivera seu auge no século XVI. Mas admito que dancei, literalmente, em dois nomes: Bartrina, enumerado junto aos parnasianos Bilac e B. Lopes (notaram a proximidade fônica?) e o escultor Cellini. Descobri, num texto atribuído a Jorge Luis Borges, na Internet, que Bartrina fora um poeta catalão, de algum renome no século XIX. Outro nome por mim ignorado era o de Pelayo, que Jonas relaciona com Cervantes. No *Google* descobri que D. Pelayo fora um herói espanhol do longínquo século VIII... Não posso deixar de registrar a pose antipática, na perspectiva de Jonas da Silva, do meu querido Cruz e Souza, que o olha, orgulhoso, de soslaio. Ora, rezam as crônicas da época que o poeta dos *Broquéis*, o cisne negro, era um homem humilde... Seria aquela pose antipática um reflexo do preconceito de Jonas da Silva? Enfim, misturar o B. Lopes com os quase contemporâneos Olavo Bilac, Cruz e Souza, Antero de Quental e mesmo Victor Hugo era até aceitável, mas colocar o B. Lopes no mesmo patamar de Miguel de Cervantes e Dante Alighieri, era, se me permitem a vulgaridade, forçar demais a barra...

Então, simplifiquemos: a literatura que se produz em Manaus em 1917 oscila entre o culto ao exótico e o culto à forma; entre uma linguagem que busca o efeito sonoro gratuito e uma linguagem que busca se comunicar com o multiplicar-se infindável de sinônimos arrancados a fórceps dos empoeirados dicionários. Os admiradores de Coelho Neto gabavam-se de que seu ídolo trabalhava com um universo de mais de vinte mil palavras. Com pouco mais de dez por cento disso, seu contemporâneo Machado de Assis nos legou uma obra muito superior, em conteúdo e em repercussão.

A SOCIEDADE AMAZONENSE DE HOMENS DE LETRAS

Em extraordinária conferência proferida a 3 de janeiro de 1968,[11] por ocasião das comemorações do cinqüentenário desta Casa, o professor e acadêmico Mário Ypiranga Monteiro desenha o cenário que antecede a criação da Sociedade Amazonense de Homens de Letras, desde as primeiras agremiações, que datam do último quartel do século XIX. Em dezembro de 1906, surge o Núcleo Amazonense de Letras, do qual fazem parte muitos dos fundadores da futura Sociedade, como, entre outros, Adriano Jorge, Jonas da Silva, Araújo Lima e Octávio Sarmento. Em 1912, o mesmo grupo, aumentado, funda a Assembléia Literária, cuja instalação teve uma conferência de Péricles Morais, que viria a ser o principal ícone da futura Academia. Sobre a criação, em 1918, da Sociedade Amazonense de Homens de Letras, sob a inspiração de Péricles Morais, Benjamin Lima e José Chevalier, que houveram por bem limitar o número de associados a 30, e eles mesmos "elegeram" os outros 27, Mário Ypiranga observa que a Sociedade:

> (...) Parecia surgir não como uma frente de oposição às congêneres, e sim na qualidade de situação acomodada às circunstâncias, digamos, uma reformulação, no bom sentido do vocábulo.
> (...) Quase todos os nomes referidos estavam ligados às sociedades literárias anteriores. Teria havido depuração? Ou atritos afastaram determinados intelectuais?
> (...) Animosidades cultivadas impediram o acesso ao grêmio de um Raimundo Morais e de um Francisco Galvão.[12]

O próprio Péricles Morais, em artigo publicado na Revista da Academia de setembro de 1955, reproduzido na revista que festeja o cinqüentenário, afirma que "os movimentos literários, aí por volta de 1917, revelavam-se de escassa envergadura, em decorrência do pessimismo e do desânimo que inoculavam as fibras dos mais enérgicos, já vencidos e ressabiados pela mornidão ambiente."[13]

Ou seja, o caos que se instalara não parecia ser apropriado à criação de agremiações literárias. Mas, contrariando o que parecia óbvio, aí está a nossa Academia às portas dos 90 anos. Não podemos deixar de registrar que o IGHA – Instituto Geográfico e Histórico do Amazonas fora fundado em março de 1917, "tendo por fins o estudo, discussão, investigação, desenvolvimento e vulgarização da Geografia, da História e das ciências a elas anexas, nos seus diferentes ramos, princípios, relações, descobertas, progressos e aplicações, reunindo, concatenando, publicando e arquivando documentos e trabalhos concernentes ao Brasil e especialmente ao Estado do Amazonas."[14]

A mudança de nome para Academia Amazonense de Letras ocorreria somente em 1920. Mas confesso que ainda me atrapalho quanto à data exata da fundação da Sociedade Amazonense de Homens de Letras: 1.º de janeiro, 7 ou 17 de janeiro? Parece-me que a 1.º de janeiro decidiu-se pela criação da Sociedade – em reunião dos já citados Péricles Morais, Benjamin Lima e José Chevalier. O professor Mário Ypiranga informa que "a 7 de janeiro, se inaugura a Sociedade..., na residência do escritor Benjamin Lima", no número 360 da rua de Monsenhor Coutinho. Genesino Braga, em seu livro *Nascença e Vivência da Biblioteca do Amazonas*, informa que "a Sociedade teve sua sessão inaugural a 17 de janeiro de 1918, realizada no salão nobre do pavimento superior da Biblioteca Pública." Genesino evoca o próprio Péricles Morais, no já citado artigo de 1955, que, apesar de não citar datas, parece avalizar o que fora escrito, pois diz, referindo-se à reunião do núcleo inicial, que "semanas depois, a arrancada da inteligência congregava em sessão ordinária os trinta membros convocados, que a ela compareceram sem exceção de um só." Aliás, esse depoimento de Péricles Morais contraria a informação do professor Antônio Loureiro de que Heliodoro Balbi já não se encontrava em Manaus desde meados de 1917. Anísio Jobim, em texto de 1934, informa que a "antiga Sociedade Amazonense de Homens de Letras foi inaugurada a 17 de janeiro de 1918, sendo seus sócios fundadores os seguintes senhores: José Chevalier, Benjamin Lima, Péricles Moraes e Odilon Lima. Foram estes os promotores da idéia, da associação que se transformou no esplêndido cenáculo de letras amazonense."[15]

Notaram que o nome de Odilon Lima é citado pela primeira vez entre os criadores? Enfim, falamos tanto de caos que algumas informações desencontradas não fazem muita diferença ao fim das contas.

Espero não ter sido maçante ou repetitivo ao esboçar esses cenários que antecedem a criação da Academia Amazonense de Letras. A intenção foi meramente didática: para conhecermos o fruto contamos a história da árvore – e do ambiente que a cercava. Porque a árvore não prescinde de quatro elementos vitais: a terra, a água, o ar e a luz. A árvore da Academia veio à luz, entretanto, num ambiente dominado pela destruição, cujo símbolo mais nefasto é o fogo da guerra.

E nasce a nossa Academia – num simbólico 1.º de janeiro; ou num, tão simbólico quanto, 7 de janeiro; ou mesmo num 17, que junta os dois números mágicos – como o símbolo de um novo tempo. Um tempo civilizado, de culto à poesia, às artes e à paz.

OCTÁVIO SARMENTO – FUNDADOR DA CADEIRA N.º 21 DA ACADEMIA AMAZONENSE DE LETRAS

Ocupemo-nos agora do fruto, de um dos frutos da nossa árvore-academia: o poeta Octávio Sarmento.

NOTAS BIOGRÁFICAS

Nada tenho a acrescentar além do que o confrade Almir Diniz já informou no seu indispensável Dicionário Biográfico, que pode ser assim resumido: Octávio Sarmento nasceu em Manaus, a 30 de novembro de 1879, filho do Coronel Joaquim Sarmento, figura de relevo na política amazonense na segunda metade do século XIX. Em 1904, após ser aprovado em curso da Escola Superior de Guerra do Exército, no Rio de Janeiro, ingressou na Força Policial do Amazonas, onde fez carreira, chegando a Comandante, posto que ocupou por menos de 30 dias. Faleceu a 4 de outubro de 1926.[16]

Só por simples curiosidade, a caserna tem contribuído bastante com a literatura amazonense. Eram militares, Francisco Vitro, português, autor dos primeiros poemas documentados como produzidos no Amazonas; Henrique João Wilkens, também português, autor do pretenso épico *A Muhuraida*; Araújo Amazonas, o primeiro romancista da Amazônia, autor de *Simá*; além do também romancista Ramayana de Chevalier, autor de *No circo sem teto da Amazônia*. Aliás, consta que o poeta e dramaturgo Tenreiro Aranha, o patrono escolhido por Octávio Sarmento, começara na vida pública como alferes, tendo depois optado pela vida civil.

Poeta de talento reconhecido entre seus pares, Octávio Sarmento foi o fundador da cadeira de número 21 da nossa Academia, que tem por patrono Bento de Figueiredo Tenreiro Aranha, o primeiro poeta genuinamente amazonense, ou, mais ainda, como assinalou Márcio Souza, "o primeiro artista amazonense."[17]

Abro um parêntesis para destacar que, dos 30 fundadores da Academia, apenas sete eram amazonenses. Sucederam a Octávio Sarmento na cadeira 21, Leopoldo Peres, padre José Pereira Netto, Sócrates Bonfim e Plínio Coelho. No momento, a cadeira encontra-se sem ocupante, aguardando a posse do acadêmico eleito escritor Luiz Bacellar.

LEMBRANÇAS E ESQUECIMENTOS

Péricles Moraes, em um ensaio sobre Djalma Batista, relaciona Octávio Sarmento entre os "aedos cujos nomes se perderam na voragem do esquecimento."[18]

De fato, não só temos pouca informação sobre ele, como pouco restou de sua obra, esparsa pelos jornais e revistas da época. Seu nome foi esquecido também pelos antologistas, com a exceção de Carlos Rocque, que, no volume II da *Antologia da Cultura Amazônica*, parte da *Grande Enciclopédia da Amazônia*, publica o soneto "Ódio", transcrito do primeiro número da Revista da Academia Amazonense de Letras, editada em 1920. Nos raros livros que tratam de analisar a produção literária do Amazonas, as únicas referências ao nome de Octávio Sarmento são encontradas em Anisio Jobim, Mário Ypiranga Monteiro e em Jorge Tufic.

Em *A Intelectualidade no Extremo Norte – Contribuições para a História da Literatura no Amazonas*, de 1934, Anisio Jobim dedica um curto verbete a Octávio Sarmento:

Plasmou num emolduramento luminoso de perspectivas o seu canto "A Uirara" (sic), expressivo poemeto que pôs em relevo a sua sensibilíssima rede nervosa. Na sua visualidade, a torrente do Amazonas se estende em curvas sensuais "entre as margens que a doce brisa aflora". Este e outros poemetos de Octávio Sarmento cujo estro a morte imobilizou, autorizam afirmar que ele iria longe no ferir o rimário das emoções, que a contemplação da natureza ambiente lhe despertava na psique.[19]

O professor Mário Ypiranga, ao analisar o poema "Cobra Norato", do gaúcho Raul Bopp, comenta:

A experiência nativa era conhecida de muitos mas assimilada por poucos e desdenhada por certas figuras de cúpula que viviam de derriços com a literatura francesa. Assim, poemas do tipo "A evolução sentimental dos Nhengaíbas" ou "A Iara" (sic), de Octávio Sarmento não receberam o bafejo da crítica honesta do tempo.[20]

Tufic também se refere aos dois poemas aludidos por Mário Ypiranga – "A evolução sentimental dos Nhengaíbas" e "A Iara" – afirmando que, ao lado de "Cobra Norato", são "o mais vigoroso chamamento para o lendário das tribos que habitavam os mais diversos lugares da região amazônica, particularmente o rio Negro"[21], mas daí em diante o poeta-crítico ocupa-se apenas de "Cobra Norato".

Como é da tradição acadêmica o elogio ao antecessor, busquei o discurso de posse de Leopoldo Peres, sucessor de Octávio Sarmento na cadeira número 21. Encontrei apenas, na biblioteca da Academia, um opúsculo registrando a sessão de 27 de janeiro de 1956, documentando a posse do padre salesiano José Pereira Netto, sucessor de Leopoldo Peres, que falecera sete anos antes. O novo acadêmico foi recepcionado por André Araújo, sob a presidência de Péricles Moraes. Em seu discurso de posse, Pereira Netto – à época, diretor do Colégio D. Bosco –, ocupa-se, como de praxe, do patrono, Tenreiro Aranha, e do antecessor, Leopoldo Peres, mas não se furta a comentar a obra do fundador da cadeira, Octávio Sarmento, inclusive transcrevendo-lhe um poema, "O raio verde", e dois tercetos de "Fogos-fátuos", além de um fragmento de "A Uiara". Transcrevo trechos do discurso do acadêmico José Pereira Netto, que grafa o nome do autor sem o "c" – Otávio:

> Otávio Sarmento foi o primeiro a preencher a poltrona patrocinada por Tenreiro Aranha. Integra a imponente constelação dos Sócios Fundadores da Academia para onde trouxe como credenciais indiscutíveis o jornalismo e a poesia. Militou, galhardamente, na imprensa local, e, na redação do *Jornal do Comércio*, portou-se com denodo e desassombro. Granjeou-lhe fama, de preferência, o seu estro poético. Seus versos estão esparsos em jornais e revistas: lamentavelmente, não nos deixou um volume. Livre, embora, das injunções de escolas, não se lhe pode negar a forte influência parnasiana. De feito, viveu Sarmento a quadra dos vates insignes que se apelidaram Teófilo Dias, Raimundo Correia, Olavo Bilac e Alberto de Oliveira, e não podia, sensibilidade finíssima que ele era, furtar-se aos efeitos prodigiosos da sua arte e da sua inspiração.
> Seus sonetos são jóias de alto preço. Pelo conceito e a forma, a estrutura e o acabamento. Ritmo e rima. Cor e sonoridade. Uma incessante aspiração de beleza que se não associa, entretanto, a impassibilidade ou a "pitorescos aspectos descritivos". É reveladora de fatos interiores, simples e ternos, complexos e violentos.[22]

Na seqüência, Pereira Netto faz uma breve análise da obra de Octávio Sarmento, para concluir:

> Falecido trinta anos atrás, a poesia de Otávio Sarmento resiste, invulnerável, à fatal corrosão do tempo e aos rigores da crítica hodierna, chancelando e consagrando um lídimo e brilhante poeta.

TRÊS POEMAS E UM FRAGMENTO

As palavras generosas de Pereira Netto não parecem condizentes com o poeta de "A seringueira", um poema frágil, sob todos os aspectos, eivado de lugares-comuns, numa linguagem em que simplicidade é apenas simplismo:

Vede-a esbelta e graciosa, emergindo
De entre as selvas do nosso Amazonas:
Noutros climas não vinga, outras zonas
Não a tem deste aspecto almo e lindo.

Filha amada de nossa floresta,
Todo o látex que as veias lhe agita
– Qual uma onda impoluta e bendita,
Ela o dá, a fluir, como em festa.

Esse leite que lhe cai do flanco,
Que transborda e lhe rompe do seio,
Num constante e suavíssimo veio,
É a nossa borracha – o ouro branco!...

Adoremos, pois, a árvore do ouro,
Que, na mata, se vê sobranceira;
E, de joelhos, saudemos, em coro,
Nossa altiva e vivaz seringueira.[23]

A favor do poeta, observemos que o poema fora publicado numa chamada *Revista do Ensino*. Seu cunho didático é inegável, o que não desculpa o ufanismo tolo, que chega a colocar a seringueira como um ídolo pagão, a ser adorado. A influência do Olavo Bilac das *Poesias Infantis* é evidente:

Ama, com fé e orgulho, a terra em que nasceste!
Criança! não verás país nenhum como este![24]

Ocorre que, datado de abril de 1920, nada daquilo fazia mais sentido. A borracha já estava, de há muito, sendo plantada e colhida na Ásia, negando o terceiro verso – "noutros climas não vinga" – e o "ouro branco" já ouro não era.

O poema seguinte, também datado de abril de 1920, tem o tom sombrio dos decadentistas. Chama-se "Ódio":

Odiar, como eu te odeio, é uma coisa horrenda!...
É teres ante o olhar, em mágicos fulgores,
De um pélago sombrio a garganta estupenda,
Oculta sob um véu de rosas multicores:

Chegas-lhe à negra borda, incauto, pela senda
Que te indico a sorrir, remordendo-me em dores,
Pela senda fatal que a vingança tremenda
Abriu à tua vista, entre aromas e flores.

Mas, bruscamente, falha o solo aos pés e cais...
E eu te escuto rolar, entre pinchos mortais,
Por sobre a rocha viva, a humosa rocha vedra...

E agora, do alto, a rir de um riso mau de hiena,
Dobrado sobre o abismo, eu fito, na geena,
Trapos de carne em sangue, ao léu de pedra em pedra![25]

O Decadentismo precede o Simbolismo, mas ambos tem a mesma raiz comum do Parnasianismo, especialmente no gosto pelas palavras de uso incomum. O poema se plasma numa imagem de violência que atinge, no verso final, o paroxismo do mau gosto. Mas essa era a forma do poeta externar sua idéia do sentimento que pretendia descrever: o ódio só encontra remissão na morte. Trata-se de um símbolo, claro, pois a voz emissora do poema, o eu lírico, apenas imagina a cena do objeto de seu ódio sendo atraído para a beira de um abismo, disfarçado "sob um véu de rosas multicores". Esse abismo é um símbolo infernal, de queda definitiva, como o coroamento de um castigo. No último terceto, o "riso mau de hiena" é o símbolo da traição consumada na vingança com que ele sonha ver o corpo dilacerado do objeto de seu ódio.

Vejamos o poema "O raio verde".

Os mares a sulcar, é vezo antigo, quando
A nau serena vai e o sol abrasa o poente,
Deter-se junto à borda, emocionada, a gente
Um veio de esmeralda entre as nuvens buscando...

Das ondas ao marulho, eu também, docemente
Dos sonhos meus seguindo o fantasioso bando,
Claros céus perscrutei largos dias, pensando
Fitar a doce luz que se esvai num repente.

E hoje, afinal, chegado ao termo da jornada,
Hoje que, enfim, a nau o último porto alcança,
Minh'alma o desengano horrível traz prostrada,

E o triste coração de mil pesares junca:
Ai, nunca pude ver o signo da Esperança,
Ai, nunca pude ver o Raio Verde, nunca![26]

O padre José Pereira Netto cita esse poema em seu discurso de posse, informando que o mesmo data de 1925, um ano antes da morte de Octávio Sarmento. Diz mais:

> O raio verde é a esperança. Miragem procurada e inatingível, enchendo a alma do poeta de um amargor inevitável de angústia e de melancolia. Reflete, porventura, as dores da enfermidade e as desilusões da vida modesta e retraída.[27]

Octávio Sarmento morrera moço ainda, pouco antes de completar 47 anos. O advérbio usado por Pereira Netto elide qualquer possibilidade de informação: "porventura". Reflete o poema, porventura, "as dores da enfermidade e as desilusões da vida modesta e retraída"? A mim não me agrada essa análise biográfica, especialmente se nada sabemos da biografia do poeta. Então leiamos o texto em seu estado bruto e tiremos dele uma leitura, independente das possíveis "intenções" do autor.

Estamos novamente diante de um punhado de símbolos: a nau, o raio, o verde. A nau significa a vida, que, chegada "ao termo da jornada", "enfim, o último porto alcança." Mas o que ensombrece o "eu lírico" é não ter mais a esperança que ele simboliza no raio verde. O raio, vindo do céu, tem, desde tempos ancestrais, conotações miraculosas, ligadas ao sagrado e ao mítico. E sendo verde, a cor por excelência da esperança, conota que, àquela altura, a esperança só poderia ser vislumbrada como um milagre. Mas, por que o verde é a cor da esperança? Há toda uma teia de símbolos aí. O verde é a cor da vida que se renova. É a cor que predomina após a fecundação da terra pela água. É a cor da primavera, festa coletiva, em oposição ao inverno, em que o homem recolhe-se em sua solidão branca.

Embora não saibamos o motivo real da melancolia que o poema expressa, a vemos com clareza. Seriam ainda resquícios do "mal do século", a angústia que dominava os espíritos entorpecidos na fase áurea do romantismo e que, de certa forma, fora retomada pelos simbolistas? O importante é que detectamos mais uma evidência simbolista na obra de Octávio Sarmento.

Vejamos agora o fragmento que José Pereira Netto recuperou em seu discurso de posse na Academia Amazonense de Letras, 30 anos depois da morte de Octávio Sarmento. São os tercetos finais de um soneto intitulado "Fogos-fátuos":

Assim na vida, às vezes, docemente
Surge o clarão de uma esperança ardente
Iluminando a nossa mocidade:

Em vão tentamos alcançá-lo um dia,
Pois seguimos a chama fugidia
Do fogo-fátuo da felicidade![28]

Embora não tenhamos as estrofes iniciais, o poema relaciona a busca da felicidade com o fenômeno natural do fogo-fátuo, que nada mais é que a combustão de gases provenientes da decomposição de matérias orgânicas, muito comum nos pântanos, igapós, manguezais e cemitérios. Embora elaborado em uma linguagem mais contida, o pessimismo simbolista novamente se revela nesse poema: ainda que, quando jovens nos enganemos com as paixões repentinas, a felicidade é uma ilusão que perseguimos pela vida inteira, como a um fogo-fátuo. E se este é gerado do lixo, da podridão, da matéria putrefata – esta é a metáfora perfeita da nossa vida. É desse lixo-vida que, de vez em quando, temos a ilusão de ver o boitatá, a mãe-do-fogo, a felicidade fugidia.

Pessoalmente, penso que a felicidade não existe, mas existem, sim, momentos felizes. É a soma desses momentos que nos permite, ao fazermos um "balanço" de um determinado período de nossa vida, dizer: tive um dia feliz; um ano feliz; uma infância feliz; um casamento feliz... Não se é feliz. Está-se feliz. Quer dizer, a felicidade é sempre provisória. Por isso, a sabedoria popular incorporou o verso de Ataulfo Alves, ao referir-se a um tempo melhor: "eu era feliz e não sabia..."[29]

Do ponto de vista formal, excluindo, pelas razões expostas, "A seringueira", é evidente que Octávio Sarmento tem o domínio da técnica de fazer versos, o que não é pouco, especialmente se considerarmos que noções como metrificação, essencial na definição do ritmo do poema – e a poesia, como a música, é melodia e ritmo harmonizados – são hoje ignoradas em detrimento do verso livre. Mas o verso livre também tem seu ritmo, sua técnica própria, suas leis internas. Poucos, entretanto, se dão conta disso. Os poemas "Ódio" e "O raio verde" organizam-se em versos alexandrinos, com cesuras perfeitas, dividindo os versos em dois hemistíquios de seis sílabas cada. "Fogos-fátuos" foi concebido em decassílabos sáficos, com exceção para o penúltimo verso, que é heróico. Mas esse é um artifício que o poeta usa para preparar a "chave-de-ouro" com que ele fecha o poema, retornando ao ritmo original. Além do domínio sobre as rimas, que se encaixam sem muito esforço, é interessante notar o uso que ele faz, além de aliterações e assonâncias, da repetição de palavras, como um recurso para enfatizar a imagem.

A conclusão que se chega após a análise desses dois sonetos e um fragmento – enfatizo: esquecendo "A seringueira" – é que Octávio Sarmento, simbolista, deve ter outros trabalhos, no mesmo estilo, interessantes. Fica o desafio de garimpá-los e recuperar a obra desse poeta, que não deve continuar no esquecimento.

FLOR DA ALMA

Poema relativamente longo, com seus 108 versos, foi publicado a 15 de novembro de 1925, menos de um ano antes da morte do poeta. "Flor da alma"[30] encerra novidades formais: dividido em duas partes, tem disposição espacial irregular, não tem estrofação, tem rimas irregulares e versos construídos em seis e dez sílabas, além de eventuais alexandrinos e até um, somente um, eneassílabo. Mas a distribuição desses versos é assimétrica ao longo do poema. No auge da narrativa, quando se evoca a loucura do poeta, os versos se misturam em duas e quatro sílabas também, como a mostrar a desarmonia mental que se descreve. Mas, apesar dessa liberdade formal, Octávio Sarmento ainda está longe, muito longe, das conquistas do verso livre, que aparecem em nossa literatura com a publicação, em 1927, de *Poemas Amazônicos*, do potiguar Pereira da Silva.

Assim se inicia "Flor da alma":

Quem poderá julgar, sentir jamais
O que vai n'alma aflita e contristada
Do bardo amante, do cantor que a senda
Ingrata da existência
Cruel a percorrer, sob prantos e ais,
Sob os rijos ardores da jornada,
Numa tortura horrenda
Que lhe abate e lhe prostra a consciência,
Forças encontra por louvar, ainda,
O céu azul, do mar as ondas mansas,
Do bosque altivo as sussurrantes franças,
E a madrugada linda?...

O ponto de interrogação não consta do original, vai por minha conta. Temos um novo eco de Bilac, do que de melhor fez Bilac:

Ah! quem há-de exprimir, alma impotente e escrava,
O que a boca não diz, o que a mão não escreve?[31]

Mas se o poema de Bilac nos conduz à reflexão metalingüística, que depois seria parodiada por Augusto dos Anjos,[32] o poema de Octávio Sarmento – questionando como o poeta, na plenitude de seu sofrimento, consegue cantar as coisas belas da vida – segue um veio mais banal, bem típico da segunda geração romântica, com suas musas inalcançáveis:

> (...) O vulto imponderável, fugidio,
> Escarninho e fatal de uma mulher:
> Dessa mulher que, em seu viver tristonho,
> Foi o som da alvorada
> A despertar seu sonho!...
> Da mulher para sempre idolatrada,
> Dessa inconsútil e buscada imagem
> Que julgou alcançar por quantas vezes,
> Durante longos dias, longos meses...
> Mas, sempre lhe fugiu, na miragem
> De um desejo inconstante e insatisfeito!...

A busca pela mulher amada, que se revela inatingível, quando tudo o mais a sua volta respira felicidade, leva o poeta à loucura, e "elevando-lhe a mente até os astros"

> Nos mais nobres e vívidos impulsos
> Da inspiração mais pura,
> Conduzida nas asas de seus versos,
> Faz com que ele ande em ânsia desvairada,
> De rastros,
> Por caminhos diversos,
> A face macerada
> De encontro ao chão,
> E a ensangüentar os pulsos(...)

Na segunda parte do poema, quando se esperaria que fosse descrito o fim do poeta, como era gosto do estilo, a descrição da sua morte, Octávio Sarmento nos surpreende e, generalizando a relação "musa inalcançável x poeta sofredor", reflete sobre aquela idéia que já ficara bem clara no soneto analisado antes: o ódio não é o inverso do amor; antes, faz fronteira com este. Um passo em falso na relação amorosa faz transbordar uma inusitada ira. Ele exorta a "perversa gentil" a não mais rir dos poetas, que, "o peito aberto em sangue",

> *Andam de joelhos a vossos pés de santa*
> *Santa franzina e langue,*
> *Humildes a implorar,*
> *Numa prece de amor que abala e encanta*
> *A luz do vosso olhar!...*

E avisa-lhe que não deve se zangar se os versos, antes cheios de amor, trazerem agora

> *Brados que venham vos pungir, perversos,*
> *Como pontas agudas de punhais...*

É como eu digo, palavras são serpentes, palavras são navalhas... Na verdade, ó musa malvada, se prestardes bem atenção às palavras de vosso alucinado bardo pretendente,

> *Vereis, então*
> *Ao fragor de seu hórrido tormento,*
> *Do desespero sob o peso atroz,*
> *Da desventura à frígida nortada,*
> *Das mágoas todas sob o fero gume,*
> *Lentamente tombar, já desfolhada,*
> *E de leve diluir por sobre vós,*
> *Em seus estos letais,*
> *Com seu último alento,*
> *A própria alma sutil dos roseirais,*
> *Toda feita em perfume!...*

Não me parece ser de todo irresponsável a afirmação de que essa aparente liberdade formal e mesmo esse tema inusitado – ambos heranças românticas – sejam, em verdade, influência do modernismo que já se insinuava, contando a partir de 1917, havia oito anos. Com certeza, Octávio Sarmento tomara contato com alguns dos poetas modernistas, o que o leva a produzir um poema estranho, belamente estranho, como esse "Flor da alma". Essa influência modernista nós vamos notar mais facilmente, a seguir, na abordagem da obra-prima de Octávio Sarmento.

A UIARA

Publicado no dia 7 de setembro de 1922, no dia exato do centenário da Independência, com o subtítulo "Lenda Amazônica", *A Uiara*[33], com seus 978 versos, é um poema narrativo, de forte apelo regional. Escrito todo em decassílabos, com esquema rímico irregular, o poema divide-se em sete capítulos, sob os seguintes títulos: "A Seca", "Em Viagem", "Subindo o Amazonas", "A Lenda da Uiara", "Em Plena Selva", "O Sonho" e "A Uiara".

Octávio Sarmento constrói em *A Uiara* um vasto painel da vida amazônica, num tempo impreciso, talvez no limiar do século XX. A saga do cearense Militão é uma alegoria da vida dos milhares de nordestinos que migraram para o Amazonas, fugindo da seca e vindo ao encontro da riqueza que a borracha prometia. O primeiro capítulo do poema – "A Seca" – subdivide-se em duas partes: a primeira, descreve um quadro de horror e a decisão de sair daquele lugar levando mulher e filha.

> (...) *O arvoredo ali está, calmo e desnudo;*
> *E os galhos lembram descarnados braços,*
> *Erguidos para os fúlgidos espaços*
> *Num protesto de dor, sereno e mudo (...)*
> *Tudo é morto em redor, ou na agonia*
> *Da dor se estorce: há lábios ressequidos,*
> *Peitos arfando num suplício horrendo,*
> *Ou raízes recurvas que, rompendo*
> *A terra vão, em triste salmodia*
> *Pedindo a gota de água que os gemidos*
> *Da sede estanque, ou vista a ramaria (...)*

> Compreende que é chegado o duro instante
> De se furtar à dor que a alma lhe invade
> Do adeus dizer a esse infeliz lugar
> – Outrora o ninho da felicidade
> Onde gozara o amor e a mocidade (...)

As imagens terríveis se multiplicam na descrição da multidão de retirantes "faminta e seminua". A segunda parte do primeiro capítulo descreve a caminhada ao encontro da morte: primeiro da esposa, depois da filhinha. Mesmo abatido pela tragédia, Militão segue em frente:

> (...) A dura face, lívida e tranqüila
> Não transparece a dor que lhe aniquila
> O amargurado e triste coração.

O segundo capítulo, "Em Viagem", também se divide em duas partes. Na primeira, Militão chega finalmente ao litoral, onde tomará o navio que o levará ao Amazonas. O navio afasta-se da costa e Militão pensa na mulher e na filha que ficaram para trás. Ele faz planos de voltar "contra o destino inconseqüente e vário", trazendo riquezas que o permitirão erguer duas capelas nos lugares onde as duas tombaram – e que esses lugares venham a servir de pouso aos caminhantes que por lá passarem. As lembranças e os planos tão distantes o entristecem mais ainda e o narrador antecipa a predisposição de Militão a ouvir a voz das águas:

> (...) E essa idéia se forma e robustece
> No cérebro doentio e combalido:
> E da água sobe, num rumor de prece,
> Ou como um doce e trêmulo gemido,
> Até tornar-se, nessa alma que anseia,
> A irresistível voz de uma sereia
> A chamá-lo, a chamá-lo meigamente...

Ele já vai se atirar, quando uma onda mais forte derruba-o no chão do navio. Ao levantar-se "com a sensação do vácuo inda na face", ele ouve um grito e, por reflexo, consegue segurar o pulso de uma menina que já ia sendo lançada na água pelo balançar do navio. Observem que aqui tivemos a primeira referência à sereia: "A irresistível voz de uma sereia / A chamá-lo, a chamá-lo meigamente..."; essa referência é uma metáfora à predisposição ao suicídio, pois "essa idéia se forma e robustece / No cérebro doentio e combalido".

A segunda parte do segundo capítulo mostra a amizade entre Militão e a criança, em quem ele reencontra a própria filha, o que afasta de sua mente a idéia de suicídio. O pai da menina, Alfredo, era um experiente seringueiro, viúvo também, que já enriquecera com a borracha, mas fora à falência e por isso voltava. Entre os dois floresce "aquela intimidade que vem da dor":

> (...) E assim, trocando idéias, consolados,
> Quase felizes vão os desgraçados...

O terceiro capítulo, "Subindo o Amazonas", descreve um dia de viagem, carregando no exotismo. O quarto capítulo, "A Lenda da Uiara", é um inventário das lendas amazônicas. Militão fita a floresta sob o negrume da noite e sente medo. O companheiro Alfredo alimenta o seu temor, enumerando as divindades dessa "terra imensa e estranha", e entre essas, a Uiara:

> (...) No rio existe, além da imensa cobra
> Que os barcos prende e para o fundo arrasta,
> Presos aos fortes anéis que, além, desdobra,
> A linda Uiara, lúbrica e nefasta!...
> Desta se diz que, quando a noite desce,
> E o luar se distende albente e mago,
> Ela surge, do rio à margem curva,
> Ou no seio aromal do escuro lago,
> Que, em meio à selva, se espreguiça e encurva...
> E canta: sua voz, como uma prece
> De amor se escuta e sobe pelo espaço
> Em acentos frementes, voluptuosos,
> O homem chamando, embevecido e lasso,

> *Para um leito de sonhos e de gozos!...*
> *(...) Do lago em meio, o lindo*
> *Corpo aparece, imerso em doce luz*
> *Do luar; ondulantes, os cabelos*
> *Caem em negros, esplêndidos novelos*
> *Por sobre o torso... E, os braços entreabrindo,*
> *Ela se entrega, num perdido anseio,*
> *Olhos em fogo, deslumbrante o seio...*
> *Ai de quem veja a estranha criatura:*
> *Em breve, estertorando n'água escura,*
> *Do fundo impuro, amortalhado em lodo,*
> *Nunca mais surgirá à luz do dia!*

Neste ponto o narrador prepara o leitor para o encontro de Militão com a Uiara, "lúbrica e nefasta": "Ai de quem veja a estranha criatura", esse, "amortalhado em lodo, nunca mais surgirá à luz do dia!" O capítulo conclui com a descrição objetiva do resto da viagem: Santarém, Parintins, Itacoatiara, Manaus.

O quinto capítulo, "Em Plena Selva", faz um corte no tempo: passa-se um ano após a viagem descrita no capítulo anterior. Mas o tempo passado não abrandara o sofrimento de Militão, a dor da perda, a chaga da saudade. Com riqueza de detalhes, o narrador descreve um dia típico na vida do solitário seringueiro. À noite, num interessante exercício de suspense, Militão sai a remar na escuridão, ouvindo a polifonia noturna e... assustando-se.

No sexto capítulo, "O Sonho", o narrador mostra-nos Militão fatigado pelo excesso de trabalho e pelas noites maldormidas, adormecido sob uma castanheira, em plena luz do dia. E conta-nos o sonho, melhor seria dizer o pesadelo, da personagem: no meio da multidão de retirantes, ele vê-se a si, à mulher e à filha a caminhar sob o sol inclemente do Ceará. E ele revê as cenas terríveis da morte de seus entes queridos, até que, já sozinho, chega onde era seu objetivo:

> *E a cacimba se mostra, alegre e aberta,*
> *Da água fresca a fazer doce oferta...*

Mas a cacimba lentamente se enche e transborda:

De manso flui; mas, rápido, se engrossa
E brame; corre e ruge e, vivamente,
Na estrada irrompe e voa, numa grossa,
Espumejante e férvida corrente;
Pela caatinga toma e se desdobra
Em túrgidos novelos, como a cobra
Que, os anéis contraindo, salta e ondeia...
Aos poucos a água cresce hórrida e feia:
Já se não vê o leito alvo da estrada;
A onda sobe veloz e, na enxurrada,
Pouco a pouco se some a casaria;
Submersos faz os colmos e, altaneira,
Do arvoredo domina a ramaria...
Finalmente, a mais alta carnaubeira
Encobre... e fica assim, mansa, a oscilar
Como um imenso e desolado mar
Perdido no Saara do sertão!...

Em meio àquele cenário que subvertia o cenário de sua tragédia pessoal, ele vê ainda um vulto, que se acentua e se define. Desperto, Militão volta para casa, mas não lhe sai da memória o pesadelo. Observemos o símbolo da água evoluindo em instantes de uma simples cacimba a "um imenso e desolado mar". Trata-se de um sonho de conotações claramente eróticas, uma alegoria do desejo reprimido de Militão. O vulto entrevisto não poderia ser outro senão a Uiara, a sereia que ele ouvira cantar pela primeira vez ao iniciar a viagem para o Amazonas.

O sétimo capítulo, "A Uiara", começa com Militão preparando-se para o seu passeio noturno. Mas aquele não seria um passeio como os outros. Ele tem em mente encontrar o imenso lago visto em sonho. Novos exercícios de suspense: o vulto do peixe-boi, o canto assustador do jacurutu, até a chegada ao lago e o calafrio que lhe toma o corpo ao ouvir o "dúlcido descante" de uma voz em que "uma infinita mágoa flutua, em trêmulos acentos":

Há nessa voz os tímidos lamentos
De um coração que sangra, e sofre, e chora,
De uma alma que soluça e clama... Entanto,
Dessa mórbida endecha, desse canto
Que flui em quentes vibrações, agora,
Sobem eflúvios pérfidos do amor,
Do amor carnal, feroz, que, no furor
Dos gozos, nos entrega um ser querido!...
Em torno, a mata oscila, num gemido
Que a brisa leva ao longe; e o próprio lago
O seio agita e, em frêmitos, se enruga
Desse canto ao poder intenso e mago!

Militão tenta fugir, mas o barco já não o obedece e o leva até o meio do lago, onde há uma espécie de ilha de pedras, a que chamamos lajes:

Aí, sobre uma pedra, esplende a Uiara:
Bate o luar sobre os seus lindos traços;
O seu olhar febril vibra, através
Das sedosas pestanas; nu o seio,
O ventre arqueado e nu; os curvos braços
Desnudos... Ela, ereta, altiva, ardente,
Se mostra nua, da cabeça aos pés!...
A cabeleira, em múltiplos novelos,
Corre-lhe o corpo até os tornozelos...

Ao ver a Uiara, Militão sai de si e deixa-se dominar pela volúpia. Ele aproxima-se, mas ela se afasta, submerge, para emergir mais adiante:

E agora, a meio, surge, da água, a Uiara,
Mostrando-lhe o palor dos seios mornos,
Oferecendo-lhe, numa ânsia louca,
Os beijos todos que lhe estão à boca!...
E ela se entrega e, delirando, o chama
Para o leito das águas, temeroso,
E o exausto sertanejo doma e inflama

> *Na promessa febril de um rude gozo,*
> *De uma volúpia ainda não provada!...*
> *O seringueiro então, no último anseio*
> *De sua alma vencida e perturbada,*
> *Abandona, de um salto, a montaria*
> *E mergulha, por fim, dessa onda fria*
> *No murmurante e tenebroso seio,*
> *Nos seus traiçoeiros e ondulantes laços...*
> *E sente que seu braço, enfim, enleia*
> *Aquele corpo... E sente que a sereia*
> *O prende enfim nos seus frementes braços!...*

Podemos definir *A Uiara*, tecnicamente, como um romance, pelo seu caráter narrativo e por tratar de assunto menor, não-histórico, um "caso", que o narrador passa adiante como se tivessem lhe contado – em tudo oposto ao poema épico, que tem características formais assemelhadas. O que mais chama a atenção no poema é exatamente a maneira como ele é construído, lentamente, mostrando o estofo psicológico de Militão, para concluir, freudianamente, que a Uiara é o símbolo do desejo sexual reprimido de Militão.

É interessante notar, ecoando Câmara Cascudo, que a figura da sereia tal como Octávio Sarmento a representa só aparece no Brasil na segunda metade do século XIX, contrabandeada da Europa pelos românticos.[34]

Anchieta, lá no distante século XVI, foi o primeiro a registrar a crença popular no Ipupiara, um demônio que habitava as águas, "inimigo dos pescadores, mariscadores e lavadeiras."[35]

A sereia é uma entidade com várias representações: para Homero, por exemplo, era meio mulher e meio ave. Algumas lendas européias mostram-na metade mulher, metade peixe. Essa mãe-d'água inteiramente mulher, de pele clara, cabelos louros e canto sedutor, foi trazida pelos portugueses e espanhóis. Antes dela o que havia, na Amazônia, era a Cobra-grande, a Boiúna. O que nossos antepassados chamavam de mãe-d'água, antes dos românticos, era na verdade, a própria Boiúna, como atesta Henry Walter Bates, no relato de sua viagem pelo rio Amazonas, em 1850:

Os naturais da Amazônia acreditam todos na existência de monstruosa serpente aquática, de muitas vintenas de braças de comprimento, que aparece em diversas partes do rio. Chamam-lhe a Mãe-d'água.[36]

Aconteceu, portanto, uma fusão entre a mitologia nativa e a colonizadora – com a prevalência desta, claro. Representada como o fez Octávio Sarmento, a sereia perde a condição de monstro e passa a ser a idealização da paixão sexual: ela mostra-se "nua, da cabeça aos pés" e a cabeleira "corre-lhe o corpo até os tornozelos". Nessas duas imagens é enfatizado que, de fato, o que Militão via era uma mulher – e aquela mulher, a Uiara, a sereia, simboliza a morte pela via da paixão e da autodestruição, por meio dos sonhos que esboçam as pulsões mais obscuras e primitivas da mente humana, e onde se misturam o desejo sexual reprimido e a interdição do pecado. Do embate entre essas duas forças antagônicas e irreconciliáveis deve sair um ser humano feliz, senhor de si mesmo, liberto dos grilhões ideológico-religiosos – ou um cadáver. Quase sempre vence a segunda alternativa.

A poesia de temática regionalista não era uma novidade na literatura amazonense, uma vez que, desde a *Muhuraida*, no século XVIII, ela já era prática comum, a despeito do culto de uns ao helenismo e à subserviência de outros aos modelos e modismos franceses. Em 1899, Paulino de Brito lançava os *Cantos Amazônicos*, embora o título não se justificasse enquanto poesia de caráter regionalista, pois poucos poemas da coleção tratavam do assunto. Grandes poetas como Quintino Cunha, Maranhão Sobrinho e Jonas da Silva, cada a um seu modo, no primeiro quartel do século XX, prestaram homenagens à Amazônia. Mas – prestem atenção nesta afirmativa – nenhum deles com tanta paixão e cromatismo (exagerado, às vezes) quanto Octávio Sarmento em *A Uiara*. Ouso dizer que *A Uiara*, escrito e publicado em jornal em 1922, antecipa historicamente os *Poemas Amazônicos*, de Pereira da Silva, de 1927, o *Macunaíma*, de Mário de Andrade, de 1928, e o já citado como exemplo maior de poesia nativista *Cobra Norato*, de Raul Bopp, que é de 1931.

O que levou o poeta ao esquecimento nestes 79 anos que nos separam de sua morte? A falta de livros? Ou a má qualidade de sua obra? Não resisto a fazer um paralelo com o transgressor *Juca Mulato*, que, naquele fecundo ano de 1917, retoma a temática regionalista na poesia brasileira, esquecida desde os românticos. O herói mulato de Menotti Del Picchia causa espécie no marmóreo mundo parnasiano, destoando também da atmosfera penumbrenta do Simbolismo. O paralelo que faço não diz respeito à forma, até porque o *Juca Mulato* é formalmente ainda conservador e não guarda nenhuma novidade. Refiro-me ao conteúdo de *A Uiara*: a saga de um nordestino pobre, que vivencia a experiência da morte cara-a-cara e depois enlouquece de paixão e de desejo, não era, definitivamente, para os padrões da época, um tema nobre.

Senhor presidente, senhores acadêmicos, minhas senhoras e meus senhores, crianças. Dou por concluído o meu trabalho. Mas não me dou por satisfeito. Nesta manhã de novembro, a poesia de Octávio Sarmento reviveu por alguns momentos, graças à paciência e à atenção de vocês. Mas é preciso mais. Pelas suas qualidades, e até pelas suas falhas, que são em bem menor número, a poesia de Octávio Sarmento deve ser descoberta pelo público e deve ser colocada lado a lado aos grandes de seu tempo. Pois é nisso que reside a imortalidade acadêmica: na permanência da obra. Não podemos permitir, usando a expressão de Péricles Moraes, que um poeta desse porte se perca na voragem do esquecimento.

Em meu nome e em memória de Octávio Sarmento, muito obrigado a todos!

A UIARA & OUTROS POEMAS
OCTÁVIO SARMENTO

Texto estabelecido por Zemaria Pinto

A UIARA
(Lenda amazônica)

A SECA

I

Longos dias havia que, estendendo
O olhar por sobre a límpida amplidão,
Buscava Militão – o sertanejo,
Imerso em mágoa e num pesar tremendo,
Descobrir de uma nuvem a áurea visão,
O horizonte a subir num brando adejo.
Debalde a torva e desolada vista,
Acompanhando a curva azúlea, informe,
Espraiava – ofuscada – até a crista
Da serra que, no além, viva se abrasa
E num leito de fogo anseia e dorme...
Em torno, a terra, já despida e rasa
Da farfalhante e vívida folhagem,
Prostrada está; nem a mais leve aragem
Passa fugaz trazendo, na asa mansa,
O sinal de uma tímida esperança!
O arvoredo ali está, calmo e desnudo;
E os galhos lembram descarnados braços,
Erguidos para os fúlgidos espaços
Num protesto de dor, sereno e mudo,
O rijo chão, que escava a mão fremente,
Guarda em seu seio hostil, avaramente,
Mais funda agora, a linfa pura e clara
Que ao homem, à ave, ao gado inda salvara...
Tudo é morto em redor, ou na agonia
Da dor se estorce: há lábios ressequidos,
Peitos arfando num suplício horrendo,
Ou raízes recurvas que, rompendo
A terra vão, em triste salmodia
Pedindo a gota de água que os gemidos

Da sede estanque, ou vista a ramaria;
E, novamente, os campos tapetando
De meigas flores, ao seu brando embate,
Dando ao fruto macio as cores vivas,
Os cursos d'água múrmuros desate
E faça que, sobre eles, paire o bando
Das borboletas e das patativas!...
Mas o céu não escuta a prece, o grito
Que da alma irrompe e o olhar magoado exprime:
O sol potente fulge no infinito,
Numa fúria que as almas punge e aterra!...
Como quem a punisse de algum crime,
Dardeja os rubros raios sobre a terra
Que, nessa luta inglória, em tal batalha,
Vencida cai, exangue... e se esfrangalha...
E morre enfim, às mãos do vencedor,
Num dolorido e derradeiro arquejo!

        ***

Da rude alma do triste sertanejo
Fluem também o pranto e a negra dor
Ante a desgraça enorme: e a seca, uivando,
Chega; e logo, ao seu truculento mando,
Célere, passa, e esquálida e faminta,
A coorte dos pobres retirantes,
Tangidos, num feroz e duro impulso,
Pelo seu férreo e descarnado pulso.
Pela estrada seguindo, a vista tinta
Em sangue, o peito opresso, vacilantes,
Lá vão eles, em lágrimas banhados,
Pedindo ao Deus dos pobres desgraçados
Que faça, num só gesto, lá da altura,
Jorrar por sobre a terra, intensa e forte,

A chuva desejada – essa água pura
Que os salve e salve aos seus também da morte!

***

Vê Militão, à porta da barraca,
Que, à luz dessa manhã, cortante e crua,
Ao longe vem plangente e se destaca,
Em uivos de pavor e maldição,
A fugitiva gente do sertão,
A multidão faminta e seminua.
Compreende que é chegado o duro instante
De se furtar à dor que a alma lhe invade
Do adeus dizer a esse infeliz lugar
– Outrora o ninho da felicidade
Onde gozara o amor e a mocidade,
E onde agora a prazer se morre e estilha, –
Procurando, no ignoto Além distante,
Um novo pouso onde, com a esposa e a filha,
Possa, contente, refazer seu lar!
À mulher chama e à pálida criança
E, pela porta hiante e escancarada,
Mostra, bem longe, na poeirenta estrada,
A turbamulta que, a ondular, avança,
Sob os raios fatais da luz solar,
Num intérmino e turvo soluçar!

***

Agora, as pobres vestes já entrouxa,
E as últimas bolachas; a cabaça,
O sertanejo toma; a esguia trouxa
Enfia no cajado, a faca traça
No largo cinto onde, com mão fremente,

A última prata guarda... E, bruscamente,
Sem olhar para trás uma só vez,
Pela estrada que abrasa vão os três...
Seguem assim, até tombar o dia,
Quando ao corpo febril, prostrado e lasso,
Puderam, sobre a areia fugidia,
Pousar enfim, rendidos de cansaço...

II

Mal vem rompendo, rubra, a madrugada,
Desperta o sertanejo a companheira;
Toma ao colo a filhinha adormecida
E parte: urge ativar essa jornada
Para que, antes da força da soalheira,
Possam chegar à sombra apetecida
Do conhecido rancho bem distante.
E o sol, subindo, fulge na amplidão,
E o calor mais intenso é cada instante.
A pobre mãe, que um mal estranho agita,
Após horas de intenso caminhar,
Em vão o passo estuga e busca, em vão,
O marido seguir... Ansiada, aflita,
Sentindo o peito prestes a estalar,
Vê, ante os olhos, fúlgidas centelhas,
Finas puas, agudas, coruscantes,
Que as carnes lacerando penetrantes,
O cérebro retalham; ardem grelhas
Sob os seus pés que vão, magoadamente,
Pelas dobras da estrada, infinda, ardente;
Freme-lhe a carne exausta, endolorida...
E o sol, num globo de oiro, onipotente,
Chispas de morte expele dos espaços...

Ela sente que, enfim, lhe foge a vida:
Pára... Tenta firmar-se... oscila, ondeia
Como um junco batido pelo vento!...
Está em noite plena agora: os braços
Estende, sôfrega, a buscar sustento
Na treva em que circunda e em que tateia...
Rodopia por fim – que não comporta
Um peito de mulher tanta amargura –
E bruscamente abate e morde a areia,
Com o lábio tinto de uma espuma escura,
O olhar imenso e aberto: estava morta!...
Militão sente o luto dentro d'alma;
Quisera ali ficar também prostrado
Da companheira morta sempre ao lado...
Mas lembrando essa filha que conduz,
Sente também no peito a nova luz
De uma tênue esperança: volta à calma
Dos homens fortes... e, a morta abandonando,
Entre doridos ais e os prantos seus,
Após dizer-lhe o derradeiro adeus,
Vai os passos de novo encaminhando
Para o rancho que, enfim, já tarde alcança...
Mas não alcança o pobre pai aflito
O termo, o fim de seu penar atroz!
Ao pôr ao solo a pálida criança,
Rasga-lhe o peito um doloroso grito:
Ela também se morre, sem a voz
Ouvir desse infeliz que a exorta e chama,
Pedindo, a soluçar, que viva ainda,
Que não o deixe assim, como um proscrito,
Como um pária, a vagar por este mundo!...
Mas a pobre se extingue: a tênue chama
Da vida, que alimenta a face linda

E o seu olhar nostálgico e profundo,
Abandona-lhe o corpo lentamente...
E, ao luzir da primeira estrela calma,
Em maio à sombra horrífica e candente,
Para os céus ascendeu mais aquela alma
Formosa e pura – toda perfumada

....

Do banho astral das lágrimas de um pai!
Sob a terra, deixando o anjinho, vai,
Dia alto já, o pobre Militão,
A alma infeliz em prantos mergulhada,
Cumprindo o seu fadário, estrada em fora;
A dura face, lívida e tranquila,
Não transparece a dor que lhe aniquila
O amargurado e triste coração.
E o seu peito em furor intenso irrora:
Só nesse olhar que, em ódio, fulge e brilha,
Ao deter-se no espaço calmo e ardente,
Se compreendera a dor, forte e latente,
De quem, perdida a esposa idolatrada,
Nunca mais ouvirá a voz da filha!

EM VIAGEM

III

E ele prossegue a lúgubre jornada,
Até que um dia, enfim, vencida a serra,
Pisa a buscada e verdejante terra.
De partida um navio está no porto:
Embarca com uma leva de emigrantes,
Que se vai, procurando novas zonas,

Onde encontre, com a paz, almo conforto.
E a leva segue: são os retirantes
Que, demandando as plagas do Amazonas,
No seio amigo, cheio de bonança,
Hão de encontrar, com o amor, doce abastança...
Larga o navio em busca dessas plagas,
Tapetado das levas do sertão.
À borda debruçado, Militão
Vê, de manso, fundindo-se nas vagas,
Da tarde ao declinar, qual num poema
Feito de luz e de melancolia,
A amada terra – a terra de Iracema!...
E o seu olhar, que a lágrima vestia,
Rompendo as dunas, foi pousar, tremendo,
Sobre um quadro de dor, cortante e horrendo:
Viu de novo, candente e iluminada,
Sob os fulvos clarões de um sol medonho,
Aquela mesma e dolorida estrada
Na qual tombara o seu primeiro sonho!
Reviu, então, sobre a areia escaldante,
Mirrada e seca como a múmia antiga,
Essa que fora sua terra amante,
Mais do que amante, a mais fiel amiga...
Mais além, sob o chão talvez mais quente,
Sob a terra, talvez mais seca e dura,
Viu a filha a sorrir-lhe docemente
– Desse riso que é só da sepultura!...
E viu ainda um homem, torturado
Pela mais funda e pungitiva dor
E a relembrar o seu feliz passado,
Cambaleante afastar-se do santuário
Onde deixara o derradeiro amor!...

Mas um dia, após anos de labuta
Contra o destino inconseqüente e vário,
Há de voltar, trazendo, dessa luta
Em outras zonas fartas, a riqueza:
Então, na mesma estrada onde a crueza
Do fado lhe roubou sua alegria,
Há de elevar-se para o céu, esguia,
A cruz de duas fúlgidas capelas...
Perto, o rancho onde quem passe naquelas
Ermas paragens possa ter um pouso
E uma alva rede para o seu repouso..
Mas enquanto ele pensa na obra que há-de
Dar-lhe as bênçãos do povo do sertão,
Sente mais funda entrar-lhe o coração
Essa infinita, intensíssima saudade
De um bem perdido que não volta mais...
E, ao reflorir de seu mortal desgosto,
Corre-lhe o pranto, em fios, pelo rosto.

***

Volta, entretanto, à terra de seus pais
O morto olhar: ao triste pôr-do-sol
A noite sucedeu de manso; e, agora,
Da praia vem e o mar dormente aflora,
Num clarão melancólico e tristonho,
A móvel luz de um rútilo farol...
Militão, libertado de seu sonho,
Fitou então a langorosa vaga,
Toda banhada de um luar albente;
E, de leve, sentiu entrar-lhe à mente,
A princípio indecisa e tênue e vaga,
Uma idéia de paz e de repouso
Naquele seio calmo e dulçoroso,

Em meio da onda lânguida e plangente
Como o choro sutil de uma viola,
Que, em tristes ais, tenuíssimo se evola...
E essa idéia se forma e robustece
No cérebro doentio e combalido;
E da água sobe, num rumor de prece,
Ou como um doce e trêmulo gemido,
Até tornar-se, nessa alma que anseia,
A irresistível voz de uma sereia
A chamá-lo, a chamá-lo meigamente...
Militão a vertigem brusca sente;
Vibra-lhe o peito num dorido arquejo
Que nos seus lábios pálidos se estiola.
Vai atirar-se... Mas, uma onda forte
De través pega a nau... E o sertanejo,
A amurada largando, cai e rola
Pelo convés, salvando-se da morte!...
Ao levantar-se, trêmulo e aturdido,
Com a sensação do vácuo inda na face,
Fere-lhe um grito o exercitado ouvido...
Olha e, rápido, como se esperasse
Apenas esse gesto, um corpo pende,
A meio da escotilha hiante, aberta...
Militão treme e, súbito, desperta
De seu negro torpor: vivo e convulso,
Mas com seguro e musculoso pulso,
Prende o pequeno ser e ainda o suspende
A tempo de furtá-lo à morte certa...
Um homem trêmulo, a chorar, se avança
E, em seus braços de pai, toma a criança...
E o barco continua a balouçar
Por sobre o leito rúgido do mar,
Enquanto nos espaços fulge a lua
– Formosa virgem inteiramente nua...

IV

Desde essa hora, parece, o sertanejo
Esquece o pérfido e hórrido desejo
Que o levara a buscar, no frio seio
Do mar, um lenitivo ao seu anseio.
Torna-se amigo da gentil criança
Que salvara; e, ao prendê-la, dia a dia,
Nos braços seus... mais nota a semelhança
Que tem com a que deixara adormecida,
Sob a terra do rancho, lá na estrada:
A mesma graça, a mesma melodia
Na voz tranqüila encontra, a mesma vida
No riso e na expressão iluminada
Dos claros olhos, trêfegos, tafuis,
Como os da morta, intensamente azuis...
E assim vivendo, tendo-a ao lado seu,
Nela encontrava a filha que perdeu,
Fugindo de seu peito nobre e forte,
Ao calor desse afeto puro e santo,
Que se tornou o seu maior encanto,
A negra idéia trágica da morte...
O pai – esse era um rude pioneiro,
Dos que vão pela mata e, um ano inteiro,
Passam, cortando as árvores que dão
A borracha – essa esplêndida riqueza
Que de seus troncos flui, à vibração
Da machadinha afiada, que a rijeza
Das fibras lasca e faz, em onda quente,
Deles correr o sumo latescente
Que se transforma, enfim, no áureo dinheiro...
Era ele o rijo e forte seringueiro
– Homem afeito aos perigos e ao trabalho,

Desses tanto que, após muito lutar,
Sofrendo de tais climas a ardentia,
O fruto desse esforço vão gastar,
Nas loucuras das festas e da orgia,
Em prazo curto, entre o álcool e o baralho,
Entre risos sonoros de mulheres
E ao tilintar de copos e talheres
Na inconsciência de uma hora alvissareira...
E após, ao regressar à terra ardente,
Que no além se soergue brandamente,
Ao seio da Amazônia hospitaleira
Que há de lhes dar, de novo, ouro e prazeres
E novos bens para dilapidar,
Arrancam, tristes, do saudoso lar,
Voltando aos seus pesares e afazeres,
Sem vintém... com passagem de terceira...
Que essa norma de vida atra e sombria,
Entre dores e gozos passageiros,
É a que segue a grande maioria
Dos valentes e humildes seringueiros.

....

Une-se o pai ao salvador da filha;
E juntos vão, à luz viva do dia,
Ou à luz da alva lua que, além, brilha,
Mergulhados na triste melodia
Da vaga, ou, lentamente, acompanhando
Das gaivotas, em vôo, o arfante bando.
Cresce entre eles aquela intimidade
Que vem da dor: o filho do sertão,
Relembrando do fado a crueldade,
Conta o pesar que traz no coração,
Toda a odisséia de infinita mágoa
Que inda lhe faz os olhos rasos d'água...

O outro, a alma aberta, o coração a nu,
Lembra também o seu penar sombrio,
Vendo sumir-se na onda atra do rio,
Um dia, a sua velha companheira,
Presa nos anéis de audaz sucuriju...
– A serpente possante e traiçoeira...
E assim vão...E, à criança que os escuta,
Ou que, entre eles, tranqüila dorme, dando
Carícias, sentem n'alma resoluta
A impressão de venturas novas, quando,
Na densa mata, unidos trabalhando,
Possam alimentar o novo sonho
De um viver mais suave e mais risonho;
E assim, trocando idéias, consolados,
Quase felizes vão os desgraçados...
E sentem que, em seus peitos, mansamente
Abre a flor linda e pulcra da amizade
– Nascida de seu pranto redolente,
Perfumada com a essência da saudade!

SUBINDO O AMAZONAS

V

A viagem prossegue, calmamente,
Por sobre as ondas quérulas do mar;
E após dias de longo caminhar,
Vai o navio entrando, ao sol poente,
Às terras do Pará: ei-lo em Belém...
Horas correm, no rápido vai-e-vem,
Na rude e rija faina da descarga;
E, tudo pronto enfim, ei-lo que larga,
Às hábeis mãos do prático sujeito,

Das águas fundas pelo turvo leito.
Vai, de manso, a singrar pelo Amazonas
– O rio que se estende como fita
Interminável através da terra,
E que, rasgando essas fecundas zonas,
E freme e canta ou, rúgido, se agita,
Ora as ondas movendo calmo e brando
Ora o colo febril alevantando
Num arranco feroz, que punge e aterra,
Da pororoca aos ímpetos fatais...
Em plena paz o rio esplende agora.
Entre as margens que a doce brisa aflora,
Ele se estende em dobras sensuais,
E ao longe vai, entorpecido e denso,
No suave langor de um belo, imenso,
Lendário e triste e adormecido lago.
As florestas que o cercam têm um vago
E indefinido tom de poesia:
Delas sobe magoado e se irradia,
Num dolente concerto de gemidos,
A queixa dos que sentem, oprimidos,
A mão feroz do rude vencedor:
É a terra que cede mansamente,
Ante o ataque do rio destruidor,
Ante a força estupenda do invasor
Que sobre ela se rui e, onipotente,
Em possantes e magistrais arrancos,
A mata rompe em urros, e os barrancos!...
Ante o olhar deslumbrado do viajante
Que pasma, ao ver-lhe a perenal beleza,
Parece que se esmera a natureza
Em mostrar, renovado a cada instante,
Um fantástico e ignorado panorama:

Ali, árvores brutas, colossais,
Lançam, em torno, a recurvada rama,
Que varre o solo ou, trêmula, se agita;
Ou, rijas, varam o ar como punhais
Que, soltos da bainha, resolutos,
Fossem ferir a abóbada infinita...
Além, os troncos verdes das palmeiras
Graciosos brotam desse seio humoso,
Findando em leques: são as bacabeiras,
São os açaizeiros, cujos frutos
Nos dão o fruto ativo e generoso
Que a sede mata. Agora, alvissareira,
Oscilando ao frescor tênue da aragem,
Franzina e esbelta, surge a seringueira...
Aqui e ali, em meio da folhagem,
Ou nos troncos, em vívidas guirlandas,
As ciperáceas sobem, ou caem pandas,
Estrelejando o ar de rubentes cachos,
Desabrochadas em formosas flores...
Rompendo a terra, vão tênues riachos
Por entre a selva, em lânguidos rumores
A deslizar: são os igarapés...
Nos côncavos do rio, no remanso
Da água tranqüila, em flácido descanso,
Dormem barcos: são as igarités,
São as leves ligeiras montarias
Que o habitante daquelas cercanias
Levam, por igapós, ou pela margem,
Buscando a caça e a pesca e, de passagem,
De sítio em sítio o trazem, permutando
As essências de olor suave e brando,
Vendendo o peixe, os frutos e a farinha...
Da mata emerge brusca e se avizinha

Uma risonha e humílima palhoça:
Em torno se erguem laranjais; e a roça
Avulta em bananais, ou, além, se cobre
Da boa macaxeira – o pão do pobre.
E o sítio passa... Vê-se agora, ereto
Para o azul, um moderno, alegre teto
De telha avermelhada: é a fazenda
De gado: pela várzea, derramada,
Até onde o olhar, rápido, se estenda,
Vê-se pastando a plácida boiada...
Agora é uma vila, ou a cidade
Que surge à já cansada e deslumbrada vista
– Cansada de fitar tanto fulgor...
E a casaria passa, na saudade
De um adeus prolongado: é Boa Vista
Que além fica, do rio na ampla curva;
Agora uma outra se ergue da água turva
Banhando, ao claro sol, o desalinho
De sua construção: é Curralinho...
Crianças nuas, do alto do barranco,
Movem, num gesto largo, os braços seus,
Saudando os que aí vão; moças formosas,
Tendo à face morena o ardor das rosas,
Fitam o navio e, erguendo o lenço branco,
Ou agitando as mãos, dizem adeus...
O rio se aperta e se contrai; e, leves
As borboletas vêm, de quando em quando,
À tolda; do arvoredo a verde rama
Roça o costado à nau... E, agora, Breves,
A ilha formosa, surge, cintilando
Ao sol que, em ondas de ouro, se derrama
Por sobre as fartas copas marginais...
E a viagem prossegue entre cacauais

Dobrados do áureo fruto ao duro peso...
Ante o olhar, sempre extático e surpreso
Dessas novas, ridentes maravilhas,
Passa o dédalo intérmino das ilhas:
Na sombra fica a Aturiá; mais além
Macujubim desponta; agora vem,
Em meio à noite escura, a Jabiru;
Passa o navio rente à Boioaçu...
E a calma reina a bordo, reina a paz.
O prático assinala Monsarás;
Mais adiante divisa Mutum-quara;
Da Limão se desvia e da Ituquara;
Contorna, mais além, a Juruti
E, mais adiante ainda, Purucuí...
Outras se vão, da rude treva em meio;
E o prático, sereno, sem receio,
Por esse labirinto a nau conduz,
Sem a mais leve ou trêmula guinada,
Como se o rio todo se vestisse
Numa túnica esplêndida de luz!...
Já desponta a risonha madrugada,
Cheia de sonhos, cheia de meiguice,
Quando se avista Gurupá, dormindo,
Banhada de luar tristonho e lindo...
Agora esponta e cresce e se avizinha,
Toda imersa na luz solar, Prainha;
Perto, a foz do Xingu se entreabre, hiante;
E o navio segue: escuta-se o descante
Da passarada em meio à ramaria...
Junto à beira, dos troncos nus ao pé,
Vê-se o vulto feroz de um jacaré;
Ou das ciganas o fremente bando
Na rama, em grita horrível, saltitando...
E assim se passa mais um longo dia.

A LENDA DA UIARA
VI

É noite agora; a pequenina dorme;
Militão, junto ao pai, soturnamente
Fita a mata que se desdobra, enorme,
E sente que sua alma sofre, e sente
Entrar-lhe o peito um vago sentimento
De fria dor, como um pressentimento
De que, daquele seio virginal,
Lhe venha o dano, o irreparável mal...
Ao velho camarada, ao rude Alfredo,
Conta o amargor que o coração lhe toma;
E, longe de sorrir desse pavor,
O seringueiro freme e mostra o medo
Que nas pupilas fúlgidas assoma.
Então, o braço erguendo, num tremor
Da mão nervosa, o rio aponta, a mata,
E a voz cantante e tímida desata:
"Ai de quem venha na Amazônia e ofenda
os numes desta terra imensa e estranha!
Os rios, onde a lua alva se banha,
Ou a floresta humosa, diz a lenda,
Têm seus deuses bisonhos, tutelares:
Passam n'água que corre, vão nos ares,
Impalpáveis, levados pelo vento,
Trazendo a mágoa aos peitos, ou o tormento!
Vezes há que, tomando a forma humana,
Vão pelo sítio, vão pela cabana,
As crianças roubando, ou seduzindo
As virgens, cujo olhar sereno e lindo

Acedem, no furor de atroz paixão!...
Ora é o boto que vem ao barracão
Tomar parte nos bailes e, da festa
Partindo, leva, presa ao seu olhar,
A mais bela das moças que fitou!...
Ora é o forte, o feroz Jurupari
Que encanta, sob a voz da juruti...
Há o fero, o terrível Curupira,
O protetor da flor e da floresta,
O trágico senhor da mata ingente,
Que condena, perdido, a divagar,
Morto de fome sede, eternamente,
Quem um tronco de leve apenas fira,
Ou, nas selvas, um galho só lhe corte,
Sem invocar seu tenebroso nome!...
O Urutau inda existe, que consome
De pavor quem o cântico lhe escuta
Num prenúncio fatídico de morte!...
Outros gênios estão na mata bruta...
No rio existe, além da imensa cobra
Que os barcos prende e para o fundo arrasta,
Presos aos fortes anéis que, além, desdobra,
A linda Uiara, lúbrica e nefasta!...
Desta se diz que, quando a noite desce,
E o luar se distende albente e mago,
Ela surge, do rio à margem curva,
Ou no seio aromal do escuro lago,
Que, em meio à selva, se espreguiça e encurva...
E canta: sua voz, como uma prece
De amor se escuta e sobe pelo espaço
Em acentos frementes, voluptuosos,
O homem chamando, embevecido e lasso,
Para um leito de sonhos e de gozos!...
Ai do infeliz e rude seringueiro,

Ai do triste e novato caçador
Que se deixa levar ao traiçoeiro
Império dessa voz cheia de amor,
Que a coragem quebranta e a alma arrebata!...
Rompendo brenhas e rompendo a mata,
Ou do rio sulcando a onda ligeira,
Ele vem entregar-se à feiticeira,
À tentadora hiena que o seduz!...
Chega a vê-la: do lago em meio, o lindo
Corpo aparece, imerso em doce luz
Do luar; ondulantes, os cabelos
Caem em negros, esplêndidos novelos
Por sobre o torso... E, os braços entreabrindo,
Ela se entrega, num perdido anseio,
Olhos em fogo, deslumbrante o seio...
Ai de quem veja a estranha criatura:
Em breve, estertorando n'água escura,
Do fundo impuro, amortalhado em lodo,
Nunca mais surgirá à luz do dia!"

Emudeceu o seringueiro, todo
O corpo a estremecer, numa agonia
De quem fitasse, em rubro cosmorama
O esplendor fascinante desse drama!
....

Monte Alegre é vencida; e, lentamente,
No dilúculo, que se esgarça, além,
Desponta agora a velha Santarém...
E o barco arfando, ao vir da noite albente,
Após horas de largo caminhar,
Em Óbidos, por fim, vai acostar.
Mais meio dia corre que, subindo
As águas, singra o lenho, e eis que se avista,

Cortando o espaço indefinido e lindo,
De uma alta serra a farfalhante crista:
Aí começam terras do Amazonas...
E Parintins, na sombra em que flutua,
Fica a dormir, ao alvo palor da lua;
E, de manso, se some e esvai também
Numa dobra do rio... Agora vem,
Sob a umbela dos céus, iluminada,
Quase ao termo da poética jornada,
Deslizando o vapor... Ei-lo que pára,
Chegando agora em Itacoatiara.
Doze horas mais se escoam e, afinal,
Como um jato de luz rasgando o caos,
E para o alto ascendendo triunfal,
Da onda irrompe, ao luzir do sol, Manaus!

EM PLENA SELVA

VII

Vai finda a safra: um ano é já passado
Que Militão o seu tristonho fado
Arrasta pela selva, dia a dia,
Vivendo dessa mágoa que se encrava
Em sua alma e do peito se irradia
Qual uma chama inextinguível, brava...

Cedo, guiado belo bom Alfredo,
Aprendeu a vibrar a machadinha
No tronco heril da seringueira; cedo,
Aprendeu a colar a tigelinha
Nas chagas de onde escorre, em vez de sangue
Rubro, o sangue do látex claro e langue...
E sua vida corre, calma e igual,

Entre as selvas do extenso seringal:
Mal fulge, ao longe, alegre, a madrugada,
Tomando o balde e as armas do trabalho,
Lá ele parte pelo estreito atalho,
Buscando os pés que, aqui e ali, a estrada
Formando vão; e, junto à seringueira
Parando, a machadinha vibra e lasca,
Com pulso rijo e mão firme e certeira,
Em golpes vários, a rugosa casca;
Junto às bordas das múltiplas feridas
Suspende as tigelinhas que incumbidas
De receber o leite estão; de pé
Em pé assim se vai, executando
A tarefa maçante e rude, até
Que o sol em meio-dia vence; então,
Da mata em triste e torva solidão,
Ouvindo o pipilar de aves em bando,
Perto ao veio do múrmuro ribeiro,
Almoça o fatigado seringueiro,
E horas se fica em plácido repouso...
Tarde plena, de volta para o pouso,
As tigelinhas colhe, derramando
No balde, o conteúdo lácteo e brando.
Chega à barraca; aí, fulvo, o braseiro
Acende e ativa agora: é o fumeiro
Ao qual se leva o esbranquiçado sumo
Que em borracha se torna, exposto ao fumo
Do urucari – um fruto de palmeira:
A chata e larga pá, mete-a ligeiro
No leite espesso e, brusco e vivo, a passa
Do fogo sobre a túrbida fumaça;
Segundos correm: rápido se esvai,
Ou, melhor, se condensa o sumo albente
Sob a ação do calor; e, transparente,

Por sobre a pá se estende uma camada
Primeira do produto; ao balde vai
De novo o seringueiro e, vivamente,
Volta do fogo à boca enfumaçada;
E assim sempre operando, lentamente,
Forma ela a escura bola de borracha
Que a Amazônia produz e que, nela, acha
A fonte inexaurível que lhe traz
A riqueza, o progresso, a vida e a paz...
Logo após a tarefa, eis o jantar...
E então, deixando Alfredo a cachimbar
Dentro da rede de tucum, macia,
Militão, sempre ativo, ia à mata,
Em busca do tatu ou, ainda, à cata
Da esquiva paca ou da veloz cotia...
Outras noites, sentindo, ao peito, a sombra
De seu velho pesar, deixava a alfombra
Da margem triste e, após beijar a filha
Do companheiro, em rápida visita
– Que ela agora, com os filhos do patrão
Vivia no vetusto barracão –
Na onda do rio, que serena brilha
Sob os feixes de luz que a lua agita,
Tomava pela riba quieta e calma,
Escutando os soluços de sua alma.

....

Uma vez, da água lento, recortando
O seio escuro, a idéia longe, posta
Num sonho vago, pela margem oposta
Foi de manso a singrar... de quando em quando.
Sustido o jacumã, a montaria
Ficava a dormitar, à fugidia
E branca luz do luar; mas, bruscamente,

O sertanejo despertava; e, então,
Curvado sobre o remo resistente,
Tomado de uma rude excitação,
Fazia o barco, em fúria, nesse anseio,
Rasgar do rio o sonolento seio...
Num desses rápidos descansos, quando,
Esgotado, cobrava novo alento,
Viu Militão o barco baloiçando
Entre moitas de verde canarana
E flácidos muris; esta savana
De verdura ondulava, ao movimento
Lento d'água do rio silente e escuro,
Vedando a entrada de um delgado furo
Que, entre as árvores brutas, se sumia...
Vendo-o, sentiu o rijo sertanejo
Um fascinante, um pérfido desejo,
De acompanhar a linfa fugidia
Através da floresta adormecida;
E, o jacumã vibrando, de vencida
Foi levando a seara arfante, à proa...
Mais sombrias se torna a escura senda:
Mal a vista percebe, mal desvenda,
À luz velada que do espaço côa,
O aspecto da imponente ramaria.
E o sertanejo segue; a montaria
Mais se perde, da selva brava à sombra...
E o barco ondula em meio à verde alfombra,
Sob a cúpula calma do arvoredo
Que ali se curva taciturno e quedo...
E, agora, o sertanejo quase sente
Que se lhe aperta o forte coração;
E, agora, quase sente que a emoção
Lhe comprime o seu peito de valente!...
Prossegue, entanto, audaz, até que a vista

– Que todo horror da mata vê pressago –
Vai-se espraiar por sobre o imenso lago
Que, entre as árvores, abre, e, além, se avista.
Sobre ele cai em chuva e se desata
A luz que vem do espaço; e esse estupendo
Lençol d'água cintila... e a fulva prata
Do dorso vai ao longe distendendo,
Na serena atitude de um mar morto!
Deslumbrado ante o estranho quadro, absorto
Da cena ante o fulgor que prende e assombra,
De manso, o seringueiro vem remando
Em direção à borda... Eis, senão, quando,
Em plena e rude e temerosa sombra,
Vibra, de súbito, um soturno grito
Que reboa, no coração aflito
Do remador, com um brado de morte!...
Colhido de surpresa, desta sorte,
O sertanejo reconhece, entanto,
Ser do jacurutu o triste canto,
Que assim lhe fere o dolorido ouvido...
Em sua alma de rústico valente,
Em seu peito de bravo destemido,
O medo vem pousar sinistramente:
Então, com rijo, mas nervoso pulso,
Movendo o jacumã, num rude impulso,
Muda de rumo; e, lívido, arquejante,
Sentindo pelo dorso o calafrio
Dum tremendo pavor, o peito ansiante,
Volve de novo ao sonolento rio...
E rema sem parar, e rema, e rema...
Até que surge, enfim, na curva extrema
Da margem calma, num íntimo conforto,
Do rancho amigo o desejado porto...

O SONHO
VIII

Noite de insônia má... Ao vir o dia,
Erguido entanto, Militão apresta
A ferramenta e parte, da floresta
Buscando a amada placidez sombria;
Mas o seu passo é tardo; e sua face
Lívida mostra uma impressão vivace
Da atroz tortura em que viveu sua alma.
Tenta atirar-se ao rígido trabalho,
Busca encontrar a fugitiva calma
Dos outros dias; mas, sente de um malho
As pancadas no cérebro dorido;
E de seu peito como que um vagido
Ascende e vai morrer, de quando em quando,
No lábio descorado... À mata entrando
O seio vai: a prima seringueira
Fere, aos golpes da mão sempre certeira;
Mas o possante e infatigável braço
Cai-lhe ao longo do corpo, inerte e lasso...
Tenta ainda insistir; mas a fadiga
Todo o domina; então a sombra amiga
Da castanheira encontra e aí se deita,
Fugindo à luz que, entre a ramada espreita...
E sonha: e vê uma candente estrada
Ao longe desdobrando a areenta risca;
Ao alto, o sol, impávido, corisca;
E, sob a luz mordente e ilimitada,
Passa, fugindo à negregada morte,
Dos cearenses a lívida coorte...
Ele vai entre os tristes retirantes:
Ao seu lado caminham, soluçantes,
Mãe e filha, no meio da fornalha...

E corpos caem, ao embate da metralha
Que dos espaços vem e o exausto bando
Vai, de rijo, vencendo e dizimando...
Agora a dor lhe punge e, férrea, corta
O coração: e a esposa fulminada,
Vê ficar para sempre em meio à estrada!...
Ferino, um novo golpe atroz ressente:
Morre-lhe a filha amada e pequenita...
E ele a vê, a sorrir-lhe, que dormita
Do rancho antigo sob o solo ardente!...
E o sonho continua: junto às cruzes
Que indicam a sua dor, rebrilham luzes;
Perto, o risonho e abençoado pouso
Onde se encontra o plácido repouso...
E a cacimba se mostra, alegre e aberta,
Da água fresca a fazer doce oferta...
Agora o veio claro chega à borda
Da cisterna... e já cresce... e já transborda:
De manso flui; mas, rápido, se engrossa
E brame; corre e ruge e, vivamente,
Na estrada irrompe e voa, numa grossa,
Espumejante e férvida corrente;
Pela caatinga toma e se desdobra
Em túrgidos novelos, como a cobra
Que, os anéis contraindo, salta e ondeia...
Aos poucos a água cresce hórrida e feia:
Já se não vê o leito alvo da estrada;
A onda sobe veloz e, na enxurrada,
Pouco a pouco se some a casaria;
Submersos faz os colmos e, altaneira,
Do arvoredo domina a ramaria...
Finalmente, a mais alta carnaubeira
Encobre... e fica assim, mansa, a oscilar
Como um imenso e desolado mar

Perdido no Saara do sertão!...
Banha-o o frio, o pálido clarão
De um sol mortiço, um triste sol de inverno,
Que faz lembrar o brilho esquivo e terno
De uma velada e merencória lua...
Aos olhos do vencido sertanejo
Uma forma se mostra, num adejo
Indistinto... E esse vulto se acentua
E se define... Mas, um torvo grito
Corta, fremente, a tedra solidão;
E tal mágoa contém que Militão,
Numa ânsia forte, compungido e aflito,
Vivamente estremece e enfim desperta...
Olha espantado em torno: na floresta
Vai alto o sol glorioso e refulgente
E para o ocaso pende lentamente.
Ergue-se o seringueiro; e, morta a sede,
Volve à barraca, estende-se na rede
Aí se fica imóvel, a cismar...
E o crepúsculo cobre a mata olente,
E a treva desce; e vem, do azul silente,
Baixando o manto triste do luar...

A UIARA

IX

Mas, n'alma do enervado sertanejo,
Persiste o fero e insólito desejo
De, dominando o seu temor pressago,
Partir em busca do entrevisto lago.
Toma do rifle, carregado a bala...
Depois, empunha o remo e, a montaria
Desprendendo, desliza, à salmodia

Da onda que o leva e docemente o embala...
Já se não vêem os bandos de ciganas
Pelas margens, em gritos estridentes;
Aqui e ali, há luzes vacilantes,
Abrindo em meio à mata: são cabanas
Que se elevam na bruma... Ali, pendentes
Dos ramos, vêem-se bolsas oscilantes:
São os ninhos enormes dos xexéus,
Que balouçam, de leve, em vaga sombra...
Por sobre a verde e sossegada alfombra
Os pirilampos bailam... Lá, nos céus,
– Vaga-lumes dos campos siderais –
Abrem astros os trêmulos fanais;
E Diana fulge, em tons meigos, tristonhos,
Envolta numa túnica de sonhos!...
E o jacumã, ferindo a água que dorme,
Para frente conduz a montaria...
À flor das águas vem um vulto enorme,
Por momentos soergue o dorso e espia...
E nas ondas mergulha novamente:
É um boto que passa... E o seringueiro
Continua a remar; a água espadana
Do barco à proa: em meio à canarana,
Que se espalha por sobre a água dormente,
Avista um outro vulto que, ligeiro,
Se esconde na espessura arfante e basta
Dos muris: é o peixe-boi que pasta
À luz da lua, mais intensa agora...
E o sertanejo vai, sempre sombrio
Levando a embarcação que mal aflora,
Na carreira, a onda múrmura do rio...
Ei-lo singrando – estranho palinuro
De um fantástico barco – o estreito furo;
O ouvido atendo, o olhar aberto, escuta

E sonda Militão a mata bruta;
Entra-lhe o peito a túrbida dolência
Do silêncio que o cerca; há, pelo espaço,
Um vago estertorar, esse cansaço
Da natureza em plena gestação...
Saem da floresta a perturbante essência
Das resinas e os mórbidos olores
Das orquídeas em flor... E Militão
Segue, em meio a esses magos esplendores,
O peito opresso, o coração aflito,
Como quem sente que é chegado o instante
De decidir de uma existência inteira!...
Súbito, à margem do regato, o grito
Indefinível, torvo, lancinante
Ouve dessa ave fúnebre e agoureira
Que tanto o compungira e amedrontara:
Toma-o o furor; à luz pálida e clara
Do luar, alça o rifle, aponta... e a bala
Voa, silvando pela ramaria...
De um galho pende e, flácido, resvala
Da ave sinistra o corpo esfacelado...
Volve de novo a triste calmaria...
E Militão prossegue, tendo ao lado,
De novo carregada, a alma potente.
Chega à borda do lago... Nesse instante,
Um calafrio pelas carnes sente,
Todo ele freme e, pálido, se agita:
Fere-lhe o ouvido um dúlcido descante...
Nessa voz que se escuta uma infinita
Mágoa flutua, em trêmulos acentos;
Há nessa voz os tímidos lamentos
De um coração que sangra, e sofre, e chora,
De uma alma que soluça e clama... Entanto,
Dessa mórbida endecha, desse canto

Que flui em quentes vibrações, agora,
Sobem eflúvios pérfidos do amor,
Do amor carnal, feroz, que, no furor
Dos gozos, nos entrega um ser querido!...
Em torno, a mata oscila, num gemido
Que a brisa leva ao longe; e o próprio lago
O seio agita e, em frêmitos, se enruga
Desse canto ao poder intenso e mago!
Militão, assustado, quer, na fuga,
Encontrar lenitivo ao seu tormento...
Mas o barco, parece, arfa também
Sob o império da voz que o leva... e vem
Deslizando de manso, e, lento, lento,
Vai enfim se deter do lago em meio,
Junto às lajes que rompem da água clara...
Aí, sobre uma pedra, esplende a Uiara:
Bate o luar sobre os seus lindos traços;
O seu olhar febril vibra, através
Das sedosas pestanas; nu o seio,
O ventre arqueado e nu; os curvos braços
Desnudos... Ela, ereta, altiva, ardente,
Se mostra nua, da cabeça aos pés!...
A cabeleira, em múltiplos novelos,
Corre-lhe o corpo até os tornozelos...
E os seus lábios se fecham docemente,
Aos derradeiros sons da endecha... Vibra
Militão de volúpia... Fibra a fibra
Seu peito estala... Então, alucinado,
Ante essa flor aberta do pecado,
Hirto e de pé, a chama da loucura
A lhe bailar nos olhos, no desejo
Em que se inunda, o pobre sertanejo,
O lábio em fogo, em contrações os traços,
Impetuoso estende os rudes braços

Prender buscando, à estranha criatura,
O brônzeo torso imaculado e lindo!...
Mas, pouco a pouco, da ilha vão fugindo,
Dentro da linfa, os rígidos contornos...
E da sereia o corpo estuante e quente,
Do lago que palpita e mais se aclara
Imerge na onda fria, docemente...
E agora, a meio, surge, da água, a Uiara,
Mostrando-lhe o palor dos seios mornos,
Oferecendo-lhe, numa ânsia louca,
Os beijos todos que lhe estão à boca!...
E ela se entrega e, delirando, o chama
Para o leito das águas, temeroso,
E o exausto sertanejo doma e inflama
Na promessa febril de um rude gozo,
De uma volúpia ainda não provada!...
O seringueiro então, no último anseio
De sua alma vencida e perturbada,
Abandona, de um salto, a montaria
E mergulha, por fim, dessa onda fria
No murmurante e tenebroso seio,
Nos seus traiçoeiros e ondulantes laços...
E sente que seu braço, enfim, enleia
Aquele corpo... E sente que a sereia
O prende enfim nos seus frementes braços!...

***

Foi assim que, no velho barracão,
Por uma noite perfumada e clara,
Ouvi contar o fim de Militão,
Preso nas garras da formosa Uiara.[37]

OUTROS POEMAS

A SERINGUEIRA
(Para o Dr. Th. Beltrão)

Vede-a esbelta e graciosa, emergindo
De entre as selvas do nosso Amazonas:
Noutros climas não vinga, outras zonas
Não a tem deste aspecto almo e lindo.

Filha amada de nossa floresta,
Todo o látex que as veias lhe agita
– Qual uma onda impoluta e bendita,
Ela o dá, a fluir, como em festa.

Esse leite que lhe cai do flanco,
Que transborda e lhe rompe do seio,
Num constante e suavíssimo veio,
É a nossa borracha – o ouro branco!...

Adoremos, pois, a árvore do ouro,
Que, na mata, se vê sobranceira;
E, de joelhos, saudemos, em coro,
Nossa altiva e vivaz seringueira.[38]

ÓDIO

Odiar, como eu te odeio, é uma coisa horrenda!...
É teres ante o olhar, em mágicos fulgores,
De um pélago sombrio a garganta estupenda,
Oculta sob um véu de rosas multicores:

Chegas-lhe à negra borda, incauto, pela senda
Que te indico a sorrir, remordendo-me em dores,
Pela senda fatal que a vingança tremenda
Abriu à tua vista, entre aromas e flores.

Mas, bruscamente, falha o solo aos pés e cais...
E eu te escuto rolar, entre pinchos mortais,
Por sobre a rocha viva, a humosa rocha vedra...

E agora, do alto, a rir de um riso mau de hiena,
Dobrado sobre o abismo, eu fito, na geena,
Trapos de carne em sangue, ao léu de pedra em pedra![39]

O RAIO VERDE

Os mares a sulcar, é vezo antigo, quando
A nau serena vai e o sol abrasa o poente,
Deter-se junto à borda, emocionada, a gente
Um veio de esmeralda entre as nuvens buscando...

Das ondas ao marulho, eu também, docemente
Dos sonhos meus seguindo o fantasioso bando,
Claros céus perscrutei largos dias, pensando
Fitar a doce luz que se esvai num repente.

E hoje, afinal, chegado ao termo da jornada,
Hoje que, enfim, a nau o último porto alcança,
Minh'alma o desengano horrível traz prostrada,

E o triste coração de mil pesares junca:
Ai, nunca pude ver o signo da Esperança,
Ai, nunca pude ver o Raio Verde, nunca![40]

FOGOS-FÁTUOS
(fragmento)

Assim na vida, às vezes, docemente
Surge o clarão de uma esperança ardente
Iluminando a nossa mocidade:

Em vão tentamos alcançá-lo um dia,
Pois seguimos a chama fugidia
Do fogo-fátuo da felicidade![41]

FLOR DA ALMA

Quem poderá julgar, sentir jamais
O que vai n'alma aflita e contristada
Do bardo amante, do cantor que a senda
    Ingrata da existência
Cruel a percorrer, sob prantos e ais,
Sob os rijos ardores da jornada,
    Numa tortura horrenda
Que lhe abate e lhe prostra a consciência,
Forças encontra por louvar, ainda,
O céu azul, do mar as ondas mansas,
Do bosque altivo as sussurrantes franças,
    E a madrugada linda?...
    E para ouvir, fagueiras,
Da saudade entretecendo os goivos,
Sob o manto nupcial das laranjeiras,
As juras quentes dos casais de noivos,
Beijos trocando à branda luz da lua...
E ele assim vai, no caminhar incerto,
    O coração aberto
Às ilusões fugazes e traiçoeiras,
    Sem ter talvez ciência,
    – Na névoa em que flutua
    O seu estro de artista, –
De que correm os dias, posta a vista
No horizonte que foge... sem sequer
Ter, muita vez, onde saciar a fome...
Porém, sentindo a lhe florir o lábio,
Numa explosão álacre e viva – um nome;
E na profunda e fúlgida retina,
    No seu olhar sombrio
Da volúpia num tímido ressabio,

Doudejante e risonha a palpitar,
    Num doce rosicler,
A silhueta faceira e pequenina
    De uma deusa sem par
– O vulto imponderável, fugidio,
Escarninho e fatal de uma mulher:
Dessa mulher que, em seu viver tristonho,
    Foi o som da alvorada
    A despertar seu sonho!...
Da mulher para sempre idolatrada,
Dessa inconsútil e buscada imagem
Que julgou alcançar por quantas vezes,
Durante longos dias, longos meses...
Mas, sempre lhe fugiu, na miragem
De um desejo constante e insatisfeito!...
Quem poderá julgar do desvario
Que então se apossa dessa túrbida alma,
    Onde se espalma
A flor roxa de um desespero atroz!...
Quem saberá jamais,
    Soturno e pungidio,
Aquilatar – e trágico e feroz –
    Dessa intensa loucura
    O febril poderio
Feito de raios e fulgores, feito
    De lances imortais,
Que, elevando-lhe a mente até os astros,
Nos mais nobres e vívidos impulsos
    Da inspiração mais pura,
– Conduzida nas asas de seus versos,
Faz com que ele ande em ânsia desvairada,
    De rastros,
    Por caminhos diversos,
    A face macerada

De encontro ao chão,
E a ensangüentar os pulsos,
Buscando, o peito cheio de emoção,
Sair do pego em que se encontra, exul:
E, erguido o busto, o olhar posto no azul,
Subir... subir... tentando, mas, em vão,
Da ventura a suprema escalada!...

Ah, perversa gentil, não mais riais
Dos loucos ideais
Desses tímidos vates
Que, da sorte sofrendo agros embates,
Sempre a cantar, o peito aberto em sangue,
Andam de joelhos a vossos pés de santa
Santa franzina e langue,
Humildes a implorar,
Numa prece de amor que abala e encanta
A luz do vosso olhar!...
E nunca vos zangueis se, nos meus versos,
Ouvirdes, por ventura, lanceolais,
Numa angústia mais forte,
Brados que venham vos pungir, perversos,
Como pontas agudas de punhais...
Pois, é a dor que, rugidora e feia,
O colo assim alteia
Em ameaças de morte...
Olhai bem... e vereis, então, formosa,
Filtrar dos olhos tristes do cantor
A onda do pranto;
E de sua alma a flor
Sangrenta e dolorosa,
Mas, sublime de encanto,
Mas, vibrante de dúlcida emoção,
Vereis, então

Ao fragor de seu hórrido tormento,
Do desespero sob o peso atroz,
Da desventura à frígida nortada,
Das mágoas todas sob o fero gume,
Lentamente tombar, já desfolhada,
E de leve diluir por sobre vós,
    Em seus estos letais,
    Com seu último alento,
A própria alma sutil dos roseirais,
    Toda feita em perfume!...[42]

NOTAS

1. PAZZINATO, Alceu Luiz; SENISE, Maria Helena Valente. *História Moderna e Contemporânea*. 4.ª ed. São Paulo: Ática, 1994.
2. ULAM, Adam B. *Os Bolcheviques*. Trad. Francisco Manuel da Rocha Filho e Archibaldo Figueira, Rio de Janeiro: Nova Fronteira, 1976.
3. DULLES, John W. Foster. *Anarquistas e Comunistas no Brasil (1900-1935)*. Trad. César Parreiras Horta, Rio de Janeiro: Nova Fronteira, 1977.
4. BRITO, Mário da Silva Brito. *A Literatura no Brasil - Vol V.* Org. Afrânio Coutinho, 3.ª edição. Rio de Janeiro/Niterói: José Olympio/EDUFF, 1986.
5. Ver nota 4.
6. SANTOS, Eloína Monteiro dos. *A Rebelião de 1924 em Manaus*. Manaus: Calderaro, 1985.
7. KRÜGER, Marcos Frederico. *Introdução à Poesia no Amazonas*. Inédito, Rio de Janeiro: 1982.
8. Ver nota 7.
9. Ver nota 7.
10. SILVA, Jonas. *Czardas*. 2.ª ed. Manaus: Valer, 1998.
11. Publicado no n.º 12 da Revista da Academia Amazonense de Letras, datada de julho de 1968.
12. Ver nota 11.
13. Ver nota 11.
14. BRAGA, Genesino. *Nascença e Vivência da Biblioteca do Amazonas*. 2.ª ed. Manaus: Imprensa Oficial, 1989.
15. JOBIM, Anisio. *A Intelectualidade no Extremo Norte*. Manaus: Livraria Clássica, 1934.

[16] DINIZ, Almir. *Acadêmicos Imortais do Amazonas – Dicionário Biográfico*. Manaus: Uirapuru, 2002.

[17] SOUZA, Márcio. *A Expressão Amazonense: do colonialismo ao neocolonialismo*. São Paulo: Alfa-Ômega, 1978.

[18] MORAES, Péricles. *Os Intérpretes da Amazônia*. Manaus: Valer, 2001.

[19] Ver nota 15.

[20] MONTEIRO, Mário Ypiranga. *Fatos da Literatura Amazonense*. Manaus: Universidade do Amazonas, 1976.

[21] TUFIC, Jorge. *Roteiro da Literatura Amazonense*. Manaus: Madrugada, 1983.

[22] PEREIRA NETTO, José. *Posse do Acadêmico Padre José Pereira Netto*. Manaus: Sérgio Cardoso, 1956.

[23] In: *Revista do Ensino*. Ano I, n.º 1, Manaus, junho de 1920. Arquivo de Marita Monteiro.

[24] BILAC, Olavo. *Obra Reunida*. Org. Alexei Bueno, Rio de Janeiro: Nova Aguilar, 1996.

[25] In: ROCQUE, Carlos. *Antologia da Cultura Amazônica – Vol II, Poesias (letras I a Z)*. Belém: Amada, 1970.

[26] In: ver nota 22.

[27] Ver nota 22.

[28] In: ver nota 22.

[29] "Meus tempos de criança", canção de Ataulfo Alves (1909-1969).

[30] In: *Diario Official*. Manaus, 15 de novembro de 1925. Arquivo de Roberto Mendonça.

[31] "Inania Verba". Ver nota 24.

[32] KRÜGER, Marcos Frederico e PINTO, Zemaria. *Análise Literária das Obras do Vestibular 2001*. Manaus: Edua, 2000.

[33] In: *Diario Official*. Manaus, 7 de setembro de 1922. Arquivo de Marita Monteiro.

[34] CASCUDO, Luis da Câmara. *Dicionário do Folclore Brasileiro*. 6.ª ed. Belo Horizonte: Itatiaia, São Paulo: EDUSP, 1988.

[35] SAMPAIO, Teodoro. In *O Tupi na Geografia Nacional*. Citado por: CASCUDO, Luis da Câmara Cascudo. *Geografia dos Mitos Brasileiros*. Belo Horizonte: Itatiaia, São Paulo: EDUSP, 1983.

[36] In: *O Naturalista no Rio Amazonas*, citado por Cascudo (ver nota 34).

[37] In: *Diario Official*. Manaus, 7 de setembro de 1922. Arquivo de Marita Monteiro.

[38] In: *Revista do Ensino*. Ano I, n.º 1, Manaus, junho de 1920. Arquivo de Marita Monteiro.

[39] In: ROCQUE, Carlos. *Antologia da Cultura Amazônica – Vol II, Poesias (letras I a Z)*. Belém: Amada, 1970.

[40] In: PEREIRA NETTO, José. *Posse do Acadêmico Padre José Pereira Netto*. Manaus: Sérgio Cardoso, 1956.
[41] Idem.
[42] In: *Diario Official*. Manaus, 15 de novembro de 1925. Arquivo de Roberto Mendonça.

CLÁSSICOS DA ACADEMIA

- Só a educação transforma os povos
  Araújo Lima

- Amazônia em novas dimensões
  Cosme Ferreira Filho

- A Uiara & outros poemas
  Octávio Sarmento

- Dom João da Mata
  Pe. Raimundo Nonato Pinheiro

- Vocabulário de Rui Barbosa
  João Leda

- Experiências e estórias de Baíra – O grande burlão
  Nunes Pereira

- Lobo D'Almada – Um estadista colonial
  Arthur Cézar Ferreira Reis

Este livro foi impresso na cidade de São Paulo/SP, em dezembro de 2006, pela Prol Gráfica. A família tipográfica utilizada na composição do texto foi Book Antiqua no corpo 10. O projeto gráfico – miolo e capa – foi feito pela Valer Editora.